JN099884

会社別就活ハンドブックシリーズ

2025

セガサミーHDの
就活ハンドブック

就職活動研究会 編
JOB HUNTING BOOK

はじめに

　2021年春の採用から，1953年以来続いてきた，経団連（日本経済団体連合会）の加盟企業を中心にした「就活に関するさまざまな規定事項」の規定が，事実上廃止されました。それまで卒業・修了年度に入る直前の3月以降になり，面接などの選考は6月であったものが，学生と企業の双方が活動を本格化させる時期が大幅にはやまることになりました。この動きは2022年春そして2023年春へと続いております。

　また新型コロナウイルス感染者の増加を受け，新卒採用の活動に対してオンラインによる説明会や選考を導入した企業が急速に増加しました。採用環境が大きく変化したことにより，どのような場面でも対応できる柔軟性，また非接触による仕事の増加により，傾聴力というものが新たに求められるようになりました。

　『会社別就職ハンドブックシリーズ』は，いわゆる「就活生向け人気企業ランキング」を中心に，当社が独自にセレクトした上場している一流・優良企業の就活対策本です。面接で聞かれた質問にはじまり，業界の最新情報，さらには上場企業の株主向け公開情報である有価証券報告書の分析など，企業の多角的な判断・研究材料をふんだんに盛り込みました。加えて，地方の優良といわれている企業もラインナップしています。

　思い込みや憧れだけをもってやみくもに受けるのではなく，必要な情報を収集し，冷静に対象企業を分析し，エントリーシート作成やそれに続く面接試験に臨んでいただければと思います。本書が，その一助となれば幸いです。

　この本を手に取られた方が，志望企業の内定を得て，輝かしい社会人生活のスタートを切っていただけるよう，心より祈念いたします。

就職活動研究会

Contents

第1章 セガサミーHDの会社概況　　3

Mission / Purpose ……………………………………… 4

会社データ ……………………………………………… 5

仕事内容 ………………………………………………… 6

先輩社員の声 …………………………………………… 7

募集要項 ………………………………………………… 9

有価証券報告書の読み方 ……………………………… 10

有価証券報告書 ………………………………………… 14

第2章 エンタメ・レジャー業界の"今"を知ろう　　99

エンタメ・レジャー業界の動向 ……………………… 100

ニュースで見るエンタメ・レジャー業界 …………… 107

エンタメ・レジャー業界の口コミ …………………… 115

エンタメ・レジャー業界　国内企業リスト ………… 121

第3章 就職活動のはじめかた　　127

第4章 SPI対策　　183

第1章

セガサミーHDの会社概況

　会社によって選考方法は千差万別。面接で問われる内容や採用スケジュールもバラバラだ。採用試験ひとつとってみても，その会社の社風が表れていると言っていいだろう。ここでは募集要項や面接内容について過去の事例を収録している。

　また，志望する会社を数字の面からも多角的に研究することを心がけたい。

✔ Mission / Purpose

■ Group Mission /Purpose　存在意義

感動体験を創造し続ける
〜社会をもっと元気に、カラフルに。〜

人はいつ、喜びや幸せを感じるか。その答えの一つは「感動」したときです。人は「感動」がなくても生きていくことができますが、「感動」のない人生は楽しくありません。そして「感動」は一人でもできますが、仲間と一緒に体験したとき。すなわち「共感」が生まれたとき、その力は何倍にも膨らみます。

そんな「感動」や「共感」が溢れる社会を私たちの開発した製品・サービスで生み出すこと。世界中の人々の生活に「彩り」を提供し続けること。それが私たちの使命であり、私たちが社会に在り続けられる理由（＝存在理由）です。

■ Group Vision　　ありたい姿

Be a Game Changer
〜革命者たれ〜

ファンやゲストがハイタッチをして楽しんでいる姿。リラックスして寛いでいる家族や友人の笑顔。私たちが目指すのはそのような感動体験の創造、社会のより良い方向への変革です。

不確実性が高く将来の予測が難しい VUCA の時代において、私たちが Mission を達成するために必要なこと。それは変化に適応するに留まらず、変革を起こし続けることです。

そのために私たちは革新者（Game Changer）であり続けることを目指します。

■ Group Value　　価値観・DNA

創造は生命(いのち) ×積極進取

サミーがここまで成長してきた原動力。それは『積極進取』の社是に表れる、どんな困難や苦難にも積極果敢に、決して諦めずに立ち向かう精神でした。そして、セガが価値観・DNA として育んできたのは、誰もが体験したことのない感動を生み出す「創造は生命」の精神です。

2020 年 4 月、私たちは両社の価値観を文化的な資産とすべく『創造は生命× 積極進取』をセガサミーグループ全体の価値観・DNA に定めました。

私たちはあらゆる場面において『積極進取』の精神のもと、感動体験を『創造』し続けることを中枢に事業を展開してまいります。

✔ 会社データ

所在地	〒141-0033 東京都品川区西品川一丁目1-1 住友不動産大崎ガーデンタワー
設立	2004年（平成16年）10月1日
資本金	299億円（2023年3月31日現在）
事業内容	総合エンタテインメント企業グループの持株会社として、 グループの経営管理及びそれに附帯する業務
代表取締役会長	里見 治 株式会社セガ 取締役名誉会長 サミー株式会社 代表取締役会長
代表取締役社長 グループCEO	里見 治紀 株式会社セガ 代表取締役会長CEO サミー株式会社 代表取締役社長CEO
従業員	483人（2023年3月31日現在）

✔ 仕事内容

ライセンス職

グループ全体の事業のライセンスを取り扱うお仕事です。

国内外の商品開発に必要なライセンス取得を主目的とし、他企業のライセンス許諾を得たり、自社ライセンスの他企業利用を許諾・管理するお仕事です。

IT 関連職

当社やグループ全体の IT インフラ管理およびヘルプデスク運用、グループにおける IT を用いた DX の推進・企画立案、グローバルでの IT プラットフォーム環境の推進・企画立案など、その他 IT 関連全般を支援するお仕事です。

経理職

グループおよびセガサミーホールディングス単体の経理、財務、資産運用に関する専門業務を取り扱うお仕事です。

人事職

グループ全体の採用・教育・配置転換など人財開発に関するお仕事や、人事管理、給与、人事制度の企画・運用、その他人事サービス提供を行うお仕事です。

広報職

当社の情報発信を司るお仕事です。社内外のステークホルダーとの継続的かつ良好なコミュニケーションを図り、ブランド価値・認知向上を推進する他、スポーツ事業の推進業務、並びにスポーツチームの運営、それに付随する企画開発業務全般を行うお仕事です。

サステナビリティ推進職

グループ全体のサステナビリティ推進を目的とし、グループ内外への情報発信、グループサステナビリティ・ガバナンス体制の企画設計・運営、社会貢献活動など、社会の健全な発展のため企業市民活動を行うお仕事です。

総務職

社内外イベントを通じたコミュニケーション活性化の推進、野球部およびアスリート社員の活動支援、文書管理や福利厚生サービスの提供、また社内設備・レイアウトに係る管理業務全般を行うお仕事です。

✔ 先輩社員の声

幅広い分野に触れ、
楽しみながらスキルを磨いていく。

【グループライセンス本部 ライセンス部／2021年入社】
昔から好きだったゲームが、学びと仕事につながった。

私は、日本の大学を卒業してからイギリスの大学院で応用翻訳学を学び、その後、日本のゲーム業界に絞って就職活動をしました。

昔からずっとゲームが好きでしたし、翻訳に興味を持ったのも、グループ会社のセガが手掛ける『龍が如く』ローカライズ版をプレイし、そこに翻訳の力を感じたのがきっかけでした。コロナ禍での就活は苦労もありましたが、その中で昔から好きだったセガサミーに就職が決まったことは本当に嬉しかったです。

入社後最初の1ヶ月は新人研修があり、メールの書き方などの基本はもちろん、ビジネスパーソンとして成長するための様々な学びがありました。セガサミーグループはかなり教育制度が整っていると感じましたし、実際研修で学んだことがその後の実務にもしっかり生きています。

人と人の「間」に立ってまとめる難しさと、やりがい。

人と人の「間」に立ってまとめる難しさと、やりがい。

研修後は、ライセンス部に所属。セガサミーグループのあらゆる事業のライセンスを取り扱う部署です。

私の課は、他社様が権利を保有する作品やキャラクターなどのライセンス許諾を得る「ライセンスイン」を扱っており、私自身は「音ゲー」と呼ばれる音楽ゲームや、ゲームセンターのプライズ（景品）を担当しています。具体的には、開発側からあがってくる「こういったものをゲームや商品に使いたい」という要望に応じて、権利をお持ちの企業様に対し条件面を含めた交渉を行い、許諾をいただき、契約を締結することが仕事です。

難しさを感じるのは、開発側と他社様の両者が納得できるよう臨機応変に対応し、調整することです。それぞれ大切にしているポリシーがあるため、折り合いをつけながら着地させることに苦労する場面もありますが、自分の力で交渉から契約締結まで完遂できたときの達成感も大きいです。ライセンス部のお仕事では、人と人の「間」に入ることも多くあります。

だからこそ、自分の介在によって案件がスムーズに進んだり話がまとまったりすることに、面白みとやりがいを感じます。私自身、人をサポートすることが好きなので、日々楽しみながら仕事に取り組んでいます。誰かの支えになることが好きな人には、とても向いている仕事だと思います。

IT 技術の架け橋となり、
プロジェクトを推進していきたい。

【IT ソリューション本部 プラットフォーム部／2020 年入社】
IT 部門と従業員の "通訳" のような存在をめざして。

大学院では情報理論に関する研究をしていましたが、就職活動では情報分野にこだわらず、幅広く回りました。学んだことを生かし、技術職と一般職の架け橋、"通訳" のような存在になりたいと思っていたからです。その点、当時セガサミーグループでは IT 系の総合職の募集があり、自分が求めるものと合致していたので魅力を感じました。

また、選考中に出会った方々が一貫して「選考を楽しんでいこう」というスタンスでお話ししてくださり、型にはまった自分ではなく、ありのままでいいよと言われたようで気持ちが楽になりました。グループディスカッションでかなり自由な意見が出たときも、面接官の方が目を輝かせて聞いてくださっていたのが印象的です。どんな意見もその人の魅力として受け止めてくれる姿勢が心に響きました。

新鮮な気持ちと自分なりの視点で、改善策を提案。

プラットフォーム部 ユーザーサポート課は、セガサミーグループ全体の様々な情報を担う部署。入社 1 年目は、機器の選定やパソコンの初期セッティング、修理などの業務を担当しました。そのときに大切にしていたのが、自分なりの改善案を考えること。効率化に向けたプログラムを作ったり、ショートカットできる部分を提案したり。配属された当初、課長に「新しい視点がほしいので、能動的に活動してもらいたい」と言われたことも後押しになりました。入社前に感じた「どんな意見も聞いてくださる革新的な会社」という印象は入社してからも一貫して持ち続けています。

同時期に、ユーザー（社員）からの声をフィードバックする業務も担当しました。コロナ禍でテレワーク推進となったことを受け、社員が自宅で社内アプリやネットワークを使うためのリモートアクセスを設定。当初はうまくつながらないケースも多かったのですが、対応を重ねていくうちに見えてくる傾向を分析し、よくある問い合わせをチャットボットにするなど、ユーザー対応を迅速化する仕組みを進化させていきました。会社としても新しい試みだったので、新鮮な気持ちで取り組めたのも良かったです。

✔ 募集要項

掲載している情報は過去ものです。
最新の情報は各企業のHP等を確認してください。

募集職種	ライセンス職／IT関連職／経理職／人事職／広報職／サステナビリティ推進職／総務職
募集対象	原則として2024年4月〜2025年3月に高専・専門学校・短大・大学・大学院を卒業。もしくは卒業見込みの方。第2新卒（卒業から3年以内）にあたる方。
採用学部・学科	全学部・全学科
初任給	大学院卒：310,000円 大卒：300,000円 ※上記はライフプラン手当を含んだ金額となります。
昇給・賞与	昇給：年1回（4月） 賞与：年2回（6月・12月）（2022年度実績）
勤務地	大崎本社
勤務時間	フレックスタイム制 コアタイム：なし フレキシブルタイム：6時00分〜22時00分
休日・休暇	週休2日制、祝日、夏季休日5日（一定期間に自由取得）、冬季休日2日、特別休日2日、年次有給休暇、感動体験休暇、慶弔休暇 他 ※年間休日数131日（2023年度）
保険	健康保険、厚生年金保険、労災保険、雇用保険 他
福利厚生	カラフルポイント制度（※1）、育児・介護支援、保養所、社員持株会、インフルエンザ予防接種費用全額会社負担、確定拠出型年金制度（選択制DC）、慶弔金、ライフプラン手当（※2） 他 ※1 カラフルポイント制度 会社から付与する一定のポイントをショッピングやレジャー、自己啓発などに使用することができます。割引特典も多数用意されています。 ※2 ライフプラン手当 退職金の前払い制度（選択制）を導入しており、選択により増加率が異なります。

✔ 有価証券報告書の読み方

01 部分的に読み解くことからスタートしよう

　「有価証券報告書（以下，有報）」という名前を聞いたことがある人も少なくはないだろう。しかし，実際に中身を見たことがある人は決して多くはないのではないだろうか。有報とは上場企業が年に１度作成する，企業内容に関する開示資料のことをいう。開示項目には決算情報や事業内容について，従業員の状況等について記載されており，誰でも自由に見ることができる。

　一般的に有報は，証券会社や銀行の職員，または投資家などがこれを読み込み，その後の戦略を立てるのに活用しているイメージだろう。その認識は間違いではないが，だからといって就活に役に立たないというわけではない。就活を有利に進める上で，お得な情報がふんだんに含まれているのだ。ではどの部分が役に立つのか，実際に解説していく。

■有価証券報告書の開示内容

　では実際に，有報の開示内容を見てみよう。

有価証券報告書の開示内容
第一部【企業情報】
第1 【企業の概況】
第2 【事業の状況】
第3 【設備の状況】
第4 【提出会社の状況】
第5 【経理の状況】
第6 【提出会社の株式事務の概要】
第7 【提出会社の状参考情報】
第二部【提出会社の保証会社等の情報】
第1 【保証会社情報】
第2 【保証会社以外の会社の情報】
第3 【指数等の情報】

有報は記載項目が統一されているため，どの会社に関しても同じ内容で書かれている。このうち就活において必要な情報が記載されているのは，第一部の第1【企業の概況】〜第5【経理の状況】まで，それ以降は無視してしまってかまわない。

02 企業の概況の注目ポイント

第1【企業の概況】には役立つ情報が満載。そんな中，最初に注目したいのは，冒頭に記載されている【主要な経営指標等の推移】の表だ。

回次		第25期	第26期	第27期	第28期	第29期
決算年月		平成24年3月	平成25年3月	平成26年3月	平成27年3月	平成28年3月
営業収益	（百万円）	2,532,173	2,671,822	2,702,916	2,756,165	2,867,199
経常利益	（百万円）	272,182	317,487	332,518	361,977	428,902
親会社株主に帰属する当期純利益	（百万円）	108,737	175,384	199,939	180,397	245,309
包括利益	（百万円）	109,304	197,739	214,632	229,292	217,419
純資産額	（百万円）	1,890,633	2,048,192	2,199,357	2,304,976	2,462,537
総資産額	（百万円）	7,060,409	7,223,204	7,428,303	7,605,690	7,789,762
1株当たり純資産額	（円）	4,738.51	5,135.76	5,529.40	5,818.19	6,232.40
1株当たり当期純利益	（円）	274.89	443.70	506.77	458.95	625.82
潜在株式調整後1株当たり当期純利益	（円）	—	—	—	—	—
自己資本比率	（％）	26.5	28.1	29.4	30.1	31.4
自己資本利益率	（％）	5.9	9.0	9.5	8.1	10.4
株価収益率	（倍）	19.0	17.4	15.0	21.0	15.5
営業活動によるキャッシュ・フロー	（百万円）	558,650	588,529	562,763	622,762	673,109
投資活動によるキャッシュ・フロー	（百万円）	△370,684	△465,951	△474,697	△476,844	△499,575
財務活動によるキャッシュ・フロー	（百万円）	△152,428	△101,151	△91,367	△86,636	△110,265
現金及び現金同等物の期末残高	（百万円）	167,525	189,262	186,057	245,170	307,809
従業員数 [ほか、臨時従業員数]	（人）	71,729 [27,746]	73,017 [27,312]	73,551 [27,736]	73,329 [27,313]	73,053 [26,147]

見慣れない単語が続くが，そう難しく考える必要はない。特に注意してほしいのが，**営業収益**，**経常利益**の二つ。営業収益とはいわゆる**総売上額**のことであり，これが企業の本業を指す。その営業収益から営業費用（営業費（販売費＋一般管理費）＋売上原価）を差し引いたものが**営業利益**となる。会社の業種はなんであれ，モノを顧客に販売した合計値が営業収益であり，その営業収益から人件費や家賃，広告宣伝費などを差し引いたものが営業利益と覚えておこう。対して経常利益は営業利益から本業以外の損益を差し引いたもの。いわゆる金利による収益や不動産収入などがこれにあたり，本業以外でその会社がどの程度の力をもっているかをはかる絶好の指標となる。

■会社のアウトラインを知れる情報が続く。

　この主要な経営指標の推移の表につづいて、「会社の沿革」、「事業の内容」、「関係会社の状況」「従業員の状況」などが記載されている。自分が試験を受ける企業のことを、より深く知っておくにこしたことはない。会社がどのように発展してきたのか、主としている事業はどのようなものがあるのか、従業員数や平均年齢はどれくらいなのか、志望動機などを作成する際に役立ててほしい。

03 事業の状況の注目ポイント

　第2となる【事業の状況】において、最重要となるのは**業績等の概要**といえる。ここでは1年間における収益の増減の理由が文章で記載されている。「○○という商品が好調に推移したため、売上高は△△になりました」といった情報が、比較的易しい文章で書かれている。もちろん、損失が出た場合に関しても包み隠さず記載してあるので、その会社の1年間の動向を知るための格好の資料となる。

　また、業績については各事業ごとに細かく別れて記載してある。例えば鉄道会社ならば、①運輸業、②駅スペース活用事業、③ショッピング・オフィス事業、④その他といった具合だ。**どのサービス・商品がどの程度の売上を出したのか**、会社の持つ展望として、今後**どの事業をより活性化**していくつもりなのか、などを意識しながら読み進めるとよいだろう。

■「対処すべき課題」と「事業等のリスク」

　業績等の概要と同様に重要となるのが、「**対処すべき課題**」と「**事業等のリスク**」の2項目といえる。ここで読み解きたいのは、その会社の**今後の伸びしろ**について。いま、会社はどのような状況にあって、どのような課題を抱えているのか。また、その課題に対して取られている対策の具体的な内容などから経営方針などを読み解くことができる。リスクに関しては法改正や安全面、他の企業の参入状況など、会社にとって決してプラスとは言えない情報もつつみ隠さず記載してある。客観的にその会社を再評価する意味でも、ぜひ目を通していただきたい。

　次代を担う就活生にとって、ここの情報はアピールポイントとして組み立てやすい。「新事業の○○の発展に際して……」、「御社が抱える●●というリスクに対して……」などという発言を面接時にできれば、面接官の心証も変わってくるはずだ。

　最後に注目したいのが，第5【経理の状況】だ。ここでは，簡単にいえば【主要な経営指標等の推移】の表をより細分化した表が多く記載されている。ここの情報をすべて理解するのは，簿記の知識がないと難しい。しかし，そういった知識があまりなくても，読み解ける情報は数多くある。例えば**損益計算書**などがそれに当たる。

連結損益計算書

(単位：百万円)

	前連結会計年度 (自 平成26年4月1日 至 平成27年3月31日)	当連結会計年度 (自 平成27年4月1日 至 平成28年3月31日)
営業収益	2,756,165	2,867,199
営業費		
運輸業等営業費及び売上原価	1,806,181	1,841,025
販売費及び一般管理費	※1 522,462	※1 538,352
営業費合計	2,328,643	2,379,378
営業利益	427,521	487,821
営業外収益		
受取利息	152	214
受取配当金	3,602	3,703
物品売却益	1,438	998
受取保険金及び配当金	8,203	10,067
持分法による投資利益	3,134	2,565
雑収入	4,326	4,067
営業外収益合計	20,858	21,616
営業外費用		
支払利息	81,961	76,332
物品売却損	350	294
雑支出	4,090	3,908
営業外費用合計	86,403	80,535
経常利益	361,977	428,902
特別利益		
固定資産売却益	※3 1,211	※4 838
工事負担金等受入額	※5 59,205	※5 24,487
投資有価証券売却益	1,269	4,473
その他	5,016	6,921
特別利益合計	66,703	36,721
特別損失		
固定資産売却損	※6 2,088	※6 1,102
固定資産除却損	※7 3,957	※7 5,105
工事負担金等圧縮額	※8 54,253	※8 18,346
減損損失	※9 12,738	※9 12,297
耐震補強重点対策関連費用	8,906	10,288
災害損失引当金繰入額	1,306	25,085
その他	30,128	8,537
特別損失合計	113,379	80,763
税金等調整前当期純利益	315,300	384,860
法人税、住民税及び事業税	107,540	128,972
法人税等調整額	26,202	9,326
法人税等合計	133,742	138,298
当期純利益	181,558	246,561
非支配株主に帰属する当期純利益	1,160	1,251
親会社株主に帰属する当期純利益	180,397	245,309

　主要な経営指標等の推移で記載されていた**経常利益**の算出する上で必要な営業外収益などについて，詳細に記載されているので，一度目を通しておこう。
　いよいよ次ページからは実際の有報が記載されている。ここで得た情報をもとに有報を確実に読み解き，就職活動を有利に進めよう。

✔ 有価証券報告書

企業の概況

1 主要な経営指標等の推移

(1) 連結経営指標等 ·····

回次		第15期	第16期	第17期	第18期	第19期
決算年月		2019年3月	2020年3月	2021年3月	2022年3月	2023年3月
売上高	(百万円)	331,648	366,594	277,748	320,949	389,635
経常利益	(百万円)	7,495	25,296	1,715	33,344	49,473
親会社株主に帰属する 当期純利益	(百万円)	2,642	13,775	1,274	37,027	45,938
包括利益	(百万円)	3,746	△774	4,843	39,224	52,057
純資産額	(百万円)	305,337	296,858	291,256	292,637	331,347
総資産額	(百万円)	464,654	458,268	421,599	435,492	501,566
1株当たり純資産額	(円)	1,289.32	1,251.02	1,236.82	1,311.72	1,498.75
1株当たり当期純利益	(円)	11.27	58.65	5.42	158.85	208.07
潜在株式調整後 1株当たり当期純利益	(円)	11.24	58.63	—	158.24	207.13
自己資本比率	(%)	65.1	64.2	69.0	67.1	66.0
自己資本利益率	(%)	0.9	4.6	0.4	12.7	14.7
株価収益率	(倍)	115.9	22.4	318.4	13.3	12.1
営業活動による キャッシュ・フロー	(百万円)	14,876	38,537	△6,384	39,607	44,704
投資活動による キャッシュ・フロー	(百万円)	△22,113	△15,464	30,473	△8,794	△2,351
財務活動による キャッシュ・フロー	(百万円)	△20,668	△10,956	△31,492	△35,970	△15,358
現金及び現金同等物の 期末残高	(百万円)	148,064	158,617	154,540	152,459	179,509
従業員数 〔外、平均臨時雇用者数〕	(名)	7,993 〔8,121〕	8,798 〔8,214〕	7,535 〔4,853〕	7,760 〔2,525〕	8,219 〔2,650〕

(注) 1 従業員数欄の〔外書〕は，臨時従業員の年間平均雇用人員であります。

2 第17期の潜在株式調整後1株当たり当期純利益については，潜在株式が存在しないため記載しておりません。

3 「収益認識に関する会計基準」（企業会計基準第29号2020年3月31日）等を第18期の期首から適用しており，第18期以降に係る主要な経営指標等については，当該会計基準等を適用した後の指標

(point) 主要な経営指標等の推移

　数年分の経営指標の推移がコンパクトにまとめられている。見るべき箇所は連結の売上，利益，株主資本比率の3つ。売上と利益は順調に右肩上がりに伸びているか，逆に利益で赤字が続いていたりしないかをチェックする。株主資本比率が高いとリーマンショックなど景気が悪化したときなどでも経営が傾かないという安心感がある。

等となっております。

（2）　提出会社の経営指標等 ···

回次		第15期	第16期	第17期	第18期	第19期
決算年月		2019年3月	2020年3月	2021年3月	2022年3月	2023年3月
営業収益	（百万円）	11,574	21,279	19,213	21,716	17,853
経常利益又は 経常損失（△）	（百万円）	△463	4,951	5,833	8,441	2,514
当期純利益	（百万円）	196	4,998	10,046	9,947	3,097
資本金	（百万円）	29,953	29,953	29,953	29,953	29,953
発行済株式総数	（株）	266,229,476	266,229,476	266,229,476	266,229,476	241,229,476
純資産額	（百万円）	296,157	284,082	282,965	259,560	249,491
総資産額	（百万円）	423,277	417,622	377,789	388,517	410,155
1株当たり純資産額	（円）	1,257.78	1,204.93	1,203.66	1,163.57	1,128.06
1株当たり配当額 （内、1株当たり 中間配当額）	（円）	40.00 (20.00)	40.00 (20.00)	30.00 (10.00)	40.00 (20.00)	59.00 (20.00)
1株当たり当期純利益	（円）	0.84	21.29	42.73	42.67	14.03
潜在株式調整後 1株当たり当期純利益	（円）	0.84	21.28	—	42.51	13.97
自己資本比率	（％）	69.8	67.8	74.9	66.8	60.7
自己資本利益率	（％）	0.1	1.7	3.5	3.7	1.2
株価収益率	（倍）	1,555.3	61.8	40.4	49.5	179.1
配当性向	（％）	4,763.6	187.9	70.2	93.7	420.5
従業員数 〔外、平均臨時雇用者数〕	（名）	475 〔41〕	492 〔101〕	437 〔103〕	393 〔60〕	399 〔67〕
株主総利回り （比較指数：配当込みTOPIX）	（％） （％）	79.9 (95.0)	82.8 (85.9)	109.0 (122.1)	134.3 (124.6)	161.5 (131.8)
最高株価	（円）	2,030	1,717	1,910	2,264	2,547
最低株価	（円）	1,210	1,136	1,185	1,310	1,730

（注）　1　従業員数欄の〔外書〕は，臨時従業員の年間平均雇用人員であります。

　　　　2　最高株価及び最低株価は，2022年4月3日以前は東京証券取引所市場第一部におけるものであり，2022年4月4日以降は東京証券取引所プライム市場におけるものであります。

　　　　3　第17期の潜在株式調整後1株当たり当期純利益については，潜在株式が存在しないため記載しておりません。

　　　　4　「収益認識に関する会計基準」（企業会計基準第29号2020年3月31日）等を第18期の期首から適用しており，第18期以降に係る主要な経営指標等については，当該会計基準等を適用した後の指標

等となっております。

2 沿革

年月	沿革
2004年5月	・株式会社セガとサミー株式会社（以下，「両社」）は，株主総会及び関係官庁の承認を前提として，株式移転により共同で持株会社を設立し，両社の経営統合を行う株式移転契約書を締結することにつき取締役会で決議し，同契約書を締結。
2004年6月	・両社は，株主総会において，両社が共同で株式移転の方法により当社「セガサミーホールディングス株式会社」を設立し，両社が完全子会社となることについて承認決議。
2004年10月	・両社が，株式移転により共同で当社を設立。 ・当社の普通株式を東京証券取引所市場第一部に上場。
2005年10月	・アニメーション映画の企画・制作・販売を手掛ける株式会社トムス・エンタテインメントを株式取得により，持分法適用関連会社から連結子会社化。
2007年3月	・サミー株式会社が，パチスロ・パチンコ遊技機の開発・製造・販売を手掛けるタイヨーエレック株式会社の第三者割当増資を引き受け，同社を持分法適用関連会社とする。
2007年12月	・サミー株式会社が，タイヨーエレック株式会社の第三者割当増資を引き受け，持分法適用関連会社から連結子会社化。
2010年12月	・当社を株式交換完全親会社，株式会社サミーネットワークス，株式会社セガトイズ，株式会社トムス・エンタテインメントをそれぞれ株式交換完全子会社とする株式交換を実施。
2011年8月	・当社の普通株式を対価として，サミー株式会社を株式交換完全親会社，タイヨーエレック株式会社を株式交換完全子会社とする株式交換を実施。
2012年3月	・複合型リゾート施設を運営するフェニックスリゾート株式会社の発行済全株式取得により，同社を連結子会社とする。
2012年5月	・サミー株式会社が，埼玉県川越市に川越工場を新設。（旧川越工場は埼玉工場へ名称変更）
2012年6月	・サミー株式会社が，埼玉県川越市にサミーロジスティクスセンターを新設。
2012年7月	・韓国仁川広域市におけるカジノを含む統合型リゾート施設の開発・運営を手掛ける合弁会社 PARADISE SEGASAMMY Co.,Ltd. を設立し，持分法適用関連会社とする。
2013年6月	・カジノ機器の開発・製造・販売を手掛けるセガサミークリエイション株式会社を設立。

2013年11月	・株式会社セガが100％出資して新設した子会社において，株式会社インデックスの事業を譲受け。（当該子会社は2014年4月，株式会社アトラスに商号変更）
2014年11月	・持分法適用関連会社である PARADISE SEGASAMMY Co.,Ltd.が，統合型リゾート施設「パラダイスシティ」の建設に着工。
2015年4月	・グループ内組織再編に伴って，株式会社セガを分割会社とし，新設分割により株式会社セガホールディングス（当該子会社は2021年4月，株式会社セガによる吸収合併により消滅），株式会社セガ・インタラクティブ（当該子会社は2020年4月，株式会社セガによる吸収合併により消滅），株式会社セガ・ライブクリエイション（現CAセガジョイポリス株式会社）を設立。 ・株式会社セガが，株式会社セガネットワークスを吸収合併し，株式会社セガゲームス（現株式会社セガ）に商号変更。
2017年1月	・株式会社セガ・ライブクリエイション（現CAセガジョイポリス株式会社）株式の一部売却に伴い，同社を連結子会社より除外。
2017年4月	・持分法適用関連会社である PARADISE SEGASAMMY Co.,Ltd.が，統合型リゾート施設「パラダイスシティ」を開業。
2017年12月	・セガサミークリエイション株式会社及び同社子会社の Sega Sammy CreationUSA INC.が，米国ネバダ州におけるゲーミング機器製造・販売ライセンスを取得。
2018年8月	・当社並びに首都圏に所在する一部の当グループ事業会社の本社を東京都品川区に移転。
2020年4月	・グループ内組織再編に伴って，株式会社セガゲームスが，株式会社セガ・インタラクティブを吸収合併し，株式会社セガに商号変更。また，株式会社セガホールディングスが，株式会社セガグループ（当該子会社は2021年4月，株式会社セガによる吸収合併により消滅）に商号変更。
2020年12月	・株式会社セガエンタテインメント（現株式会社 GENDA GiGO Entertainment）株式の一部売却に伴い，同社を連結子会社より除外。
2021年3月	・Sega Amusements International Ltd.株式の売却に伴い，同社を連結子会社より除外。
2021年4月	・グループ内組織再編に伴って，株式会社セガが，株式会社セガグループを吸収合併。
2022年4月	・東京証券取引所の市場区分の見直しにより，東京証券取引所の市場第一部からプライム市場へ移行。
2022年6月	・監査役会設置会社から監査等委員会設置会社に移行。

(point) **沿革**

どのように創業したかという経緯から現在までの会社の歴史を年表で知ることができる。過去に行った重要なＭ＆Ａなどがいつ行われたのか，ブランド名はいつから使われているのか，いつ頃から海外進出を始めたのか，など確認することができて便利だ。

3 事業の内容

　当グループは，当社並びに子会社72社及び関連会社10社から構成されており，エンタテインメントコンテンツ事業，遊技機事業，リゾート事業の3つの事業を基本事業領域としております。当グループが営んでいる主な事業内容，各関係会社等の当事業に係る位置づけは次のとおりであり，セグメント情報における事業区分と同一であります。

　なお，当社は特定上場会社等に該当し，インサイダー取引規制の重要事実の軽微基準のうち，上場会社の規模との対比で定められる数値基準については連結ベースの計数に基づいて判断することとなります。

事業区分	主な事業内容		会社名
エンタテインメントコンテンツ事業	フルゲームやF2Pなどのコンシューマーゲーム及びアミューズメント機器の開発・販売、アニメーション映画の企画・制作・販売及び玩具等の開発・製造・販売	国内	㈱セガ、㈱セガ・ロジスティクスサービス、㈱ダーツライブ、㈱アトラス、㈱セガトイズ、㈱トムス・エンタテインメント、マーザ・アニメーションプラネット㈱　その他12社
		海外	Sega of America, Inc.、Sega Europe Ltd.、Sega Publishing Europe Ltd.　その他33社
遊技機事業	パチスロ機及びパチンコ機の開発・製造・販売		サミー㈱、㈱ロデオ、タイヨーエレック㈱、㈱サミーネットワークス、セガサミークリエイション㈱、㈱ジーグ　その他13社
リゾート事業	統合型リゾート事業やその他施設事業におけるホテルやゴルフ場等の開発・運営	国内	フェニックスリゾート㈱　その他1社
		海外	PARADISE SEGASAMMY Co., Ltd.　その他1社

事業の系統図は，次のとおりであります。

2023年3月31日現在

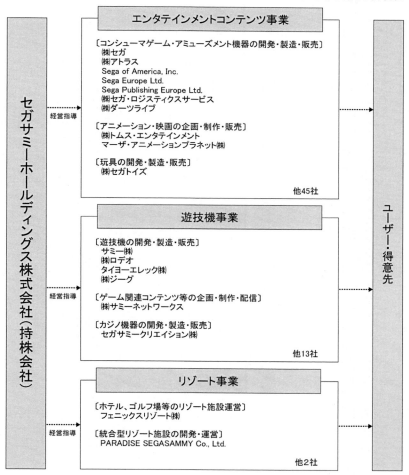

---

point　事業の内容

　会社の事業がどのようにセグメント分けされているか，そして各セグメントではどの
ようなビジネスを行っているかなどの説明がある。また最後に事業の系統図が載せて
あり，本社，取引先，国内外子会社の製品・サービスや部品の流れが分かる。ただセ
グメントが多いコングロマリットをすぐに理解するのは簡単ではない。

4 関係会社の状況

名称	住所	資本金又は出資金（百万円）	主要な事業の内容	議決権の所有割合（％）	関係内容
（連結子会社）					
㈱セガ (注)3、6	東京都品川区	100	エンタテインメントコンテンツ事業	100.0	経営指導役員の兼任…5名
サミー㈱ (注)3、6	東京都品川区	18,221	遊技機事業	100.0	経営指導役員の兼任…4名
㈱アトラス	東京都品川区	10	エンタテインメントコンテンツ事業	100.0 (100.0)	役員の兼任…2名
Sega of America, Inc. (注)3、6	米国カリフォルニア州	110,000 千USドル	エンタテインメントコンテンツ事業	100.0 (100.0)	
Sega Europe Ltd.	英国ミドルセックス州	10,000 千Stgポンド	エンタテインメントコンテンツ事業	100.0 (100.0)	
Sega Publishing Europe Ltd.	英国ミドルセックス州	0 千Stgポンド	エンタテインメントコンテンツ事業	100.0 (100.0)	
㈱セガ・ロジスティクスサービス	東京都品川区	100	エンタテインメントコンテンツ事業	100.0 (100.0)	
㈱ダーツライブ	東京都品川区	10	エンタテインメントコンテンツ事業	100.0 (100.0)	役員の兼任…1名
㈱セガトイズ	東京都品川区	100	エンタテインメントコンテンツ事業	100.0 (100.0)	役員の兼任…1名
㈱トムス・エンタテインメント	東京都中野区	100	エンタテインメントコンテンツ事業	100.0 (100.0)	役員の兼任…1名
マーザ・アニメーションプラネット㈱	東京都品川区	100	エンタテインメントコンテンツ事業	100.0 (100.0)	役員の兼任…1名
㈱ロデオ	東京都品川区	100	遊技機事業	100.0 (100.0)	
タイヨーエレック㈱	東京都品川区	100	遊技機事業	100.0 (100.0)	
㈱サミーネットワークス	東京都品川区	100	遊技機事業	100.0 (100.0)	役員の兼任…1名
セガサミークリエイション㈱	東京都品川区	10	遊技機事業	100.0	資金の貸付役員の兼任…2名
フェニックスリゾート㈱	宮崎県宮崎市	93	リゾート事業	100.0	資金の貸付役員の兼任…3名
その他45社					
（持分法適用関連会社）					
㈱ジーグ	東京都品川区	25	遊技機事業	50.0 (50.0)	
PARADISE SEGASAMMY Co., Ltd. (注)5	韓国仁川広城市	400,688 百万ウォン	リゾート事業	45.0	担保提供
その他6社					

(注) 1　主要な事業の内容には，セグメント情報に記載された名称を記載しております。

　　 2　「議決権の所有割合」欄の（　）内は，間接所有割合で内数となっております。

　　 3　上記連結子会社のうち，株式会社セガ，サミー株式会社，Sega of America,Inc.は特定子会社に該当しております。

　　 4　前連結会計年度末において持分法適用関連会社であったインターライフホールディングス株式会社

は，2022年4月14日付で全保有株式を売却したことに伴い，持分法適用関連会社から除外しております。

5　PARADISE SEGASAMMY Co., Ltd.は，2023年6月7日付で増資したことにより，資本金は450,688百万ウォン，出資比率は45.0%となっております。

6　株式会社セガ，サミー株式会社，Sega of America, Inc.については，売上高（連結会社相互間の内部取引高を除く）の連結売上高に占める割合が10%を超えております。
主要な損益情報等

（単位：百万円）

	㈱セガ	サミー㈱	Sega of America, Inc.
(1) 売上高	191,678	87,752	45,060
(2) 経常利益	17,190	12,031	8,028
(3) 当期純利益	11,488	10,714	11,912
(4) 純資産額	102,905	168,563	32,852
(5) 総資産額	193,145	210,617	45,971

5　従業員の状況

（1）　連結会社の状況 ···

2023年3月31日現在

セグメントの名称	従業員数(名)
エンタテインメントコンテンツ事業	6,035 〔1,699〕
遊技機事業	1,108 〔379〕
リゾート事業	628 〔452〕
全社	448 〔120〕
合計	8,219 〔2,650〕

（注）1　従業員数は就業人員であります。

2　従業員数欄の〔外書〕は，臨時従業員の年間平均雇用人員であります。

3　「全社」は，報告セグメントに帰属しない就業人員であります。

(point) 関係会社の状況

　主に子会社のリストであり，事業内容や親会社との関係についての説明がされている。特に製造業の場合などは子会社の数が多く，すべてを把握することは難しいが，重要な役割を担っている子会社も多くある。有報の他の項目では一度も触れられていない場合が多いので，気になる会社については個別に調べておくことが望ましい。

(2) 提出会社の状況

従業員数(名)	平均年齢(歳)	平均勤続年数(年)	平均年間給与(円)
399 〔67〕	42.8	2.8	8,317,478

セグメントの名称	従業員数(名)
エンタテインメントコンテンツ事業	－ 〔－〕
遊技機事業	－ 〔－〕
リゾート事業	18 〔－〕
全社	381 〔67〕
合計	399 〔67〕

(注) 1　従業員数は就業人員であります。

2　従業員数欄の〔外書〕は，臨時従業員の年間平均雇用人員であります。

3　平均年齢，平均勤続年数，平均年間給与につきましては，当事業年度内の給与及び賞与を提出会社が負担した従業員の平均を記載しております。

4　平均年間給与は，賞与及び基準外賃金を含んでおります。

(3) 労働組合の状況

　当社及び当社の一部子会社においては，JAMセガサミーグループ労働組合及び日本金属製造情報通信労働組合東京地方本部大田地域支部セガグループ分会の2つの組合，また，フェニックスリゾート株式会社においては，シーガイアユニオンが労働組合として結成されており，労使関係について特記すべき事項はありません。

　その他の子会社においては，労働組合は結成されておりませんが，労使関係について特記すべき事項はありません。

1　経営方針，経営環境及び対処すべき課題等

　文中の将来に関する事項は，当連結会計年度末現在において当グループが判断したものであります。

（1）　会社の経営の基本方針 ···

　2004年10月1日，株式会社セガとサミー株式会社は，両社の経営資源を統合し，企業価値を最大限に高めることを目的に両社の持株会社となる当社「セガサミーホールディングス株式会社」を設立しました。その後，様々な経営施策により事業環境の変化に迅速かつ柔軟に対応する体制及び将来の成長を加速できる体制づくりに努めてまいりました。各事業グループにおきましては，意思決定の迅速化を図りながら重複する機能の効率化を進め，経営資源を適切に投入できる体制を構築し，事業環境の変化に対応しながら経営効率を高めてまいります。

　当グループの事業領域はエンタテインメントコンテンツ事業，遊技機事業，リゾート事業であり，全世界をターゲット市場として当グループ内の経営資源を最大限有効活用及び相互利用し，全ての世代をターゲットにした事業を行います。また，当グループでは，「ミッションピラミッド」を策定し，社員一人ひとりによる施策の確実な遂行を促すことで，経営目標の達成並びに企業価値の向上を図っています。

(2)　目標とする経営指標及び中長期的な経営戦略についての経営者の認識 ……

　当グループでは，2030年を目指し長期ビジョンを策定しております。コロナ禍においては「エンタテインメントのない人生ではつまらない」ということを再認識し，自身の存在意義であるミッション／パーパス「感動体験を創造し続ける〜社会をもっと元気に，カラフルに。〜」と，「Be a GameChanger」というビジョンが，将来において不変であるということを再認識しております。長期戦略といたしまして，エンタテインメントコンテンツ事業につきましては，「グローバルリーディングコンテンツプロバイダー」を目指します。遊技機事業につきましては，「稼働・設置・販売シェア三冠王」及び「安定収益体質の構築」を目指します。そして，全社の長期ビジョンとして，Environment，Empathy，Edge，Economicsの4つの「E」を重要視し，サステナブルな経営を目指してまいります。

長期ビジョン

　当グループは資本効率重視の経営を基本方針とし，経営指標として経常利益とROE（自己資本利益率）を重視しております。2024年3月期までの3ヵ年の中期計画は，テーマを「Beyond the Status Quo〜現状を打破し，サステナブルな企業へ〜」とし，エンタテインメントコンテンツ事業のコンシューマ分野を成長分野に位置づております。最終年度である2024年3月期には経常利益450億円，ROE10％超を目標としておりましたが，中期計画2年目の2023年3月期において前倒しで達成したことから，2024年3月期の経常利益については580億円を計画しており，当初の中期計画目標を大幅に上方修正しております。

＜財務戦略の考え方＞

　資本効率重視の経営を実現すべく，有利子負債も積極的に活用しながら成長分野への投資を進め，事業成長に応じた株主還元を実施してまいります。

＜成長投資の考え方＞

　2022年3月期〜2026年3月期までの5年間においては，成長分野であるコンシューマ分野に1,000億円，ゲーミング領域に1,000億円，その他に500億円，合計2,500億円の成長投資を振り向けることとし，事業成長を実現してまいります。

＜株主還元の考え方＞

　株主還元の基本方針として，DOE3％以上を据えながら，利益成長に応じた還元を実施すべく総還元性向50％以上としております。詳細につきましては，「第4　提出会社の状況　3　配当政策」をご参照ください。

成長投資の考え方（〜2026/3期）

■ 以下成長領域への投資を実行

	投資の検討領域		進捗状況
コンシューマ分野 約1,000億円	開発リソース強化	・オーガニックな開発パイプラインの拡充 ・グローバルモバイル/オンラインゲームの強化	● セガ札幌スタジオ設立 ● Rovio Entertainment Oyj社のTOB実施を公表
	新たなエコシステムに対する投資	・ユーザーコミュニティ活性化に向けたCRM機能の強化 ・新たに顕在化しつつあるビジネス領域に向けた投資	
ゲーミング領域 約1,000億円	ゲーミング領域における投資機会の見極め	・海外でのオンラインカジノ・スポーツベッティング ・海外ランドベースカジノ ・国内外の統合型リゾート	● 国内外の統合型リゾートは見送り ● オンラインゲーミング分野を検討
その他 約500億円	CVC投資枠拡大（総枠150億円）	・スタートアップ企業等への投資を含むオープンイノベーション活動強化	● 新規で約30億円/18件の投資実行 　既存投資先のEXITは4件 ● ㈱パピレスと合弁会社設立 ● 「GAPOLI」サービスリリース
	新規事業創出、IP獲得 etc.		

計2,500億円

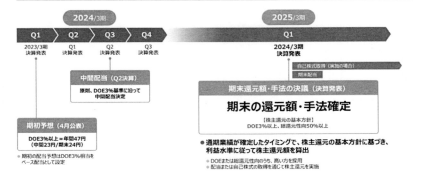

「Beyond the Status Quo ～現状を打破し，サステナブルな企業へ～」のアクションプラン

① 全体の戦略について

　エンタテインメントコンテンツ事業につきましては，コンシューマ分野を成長分野に位置づけ，既存IPのグローバルブランド化を目指します。また，遊技機事業につきましてはパチスロ・パチンコ「合算稼働シェア」ナンバー１及び安定収益の確保を目指し，ヒットの創出と事業効率の向上に取り組みます。

② 各事業の戦略について

　エンタテインメントコンテンツ事業におきましては，既存IPのグローバルブランド化を実現すべく，マルチプラットフォーム，世界同時発売で展開するなどタッチポイントの拡大を行い，収益機会の最大化を図ります。また，リメイク /リマスターの活用や，サブスクリプションサービスにも対応することで，プロダクトライフサイクルの長期化を目指します。さらに，メディアミックスの強化などでユーザーエンゲージメントを高めIPの価値向上を目指します。

---

point 従業員の状況

　主力セグメントや，これまで会社を支えてきたセグメントの人数が多い傾向があるのは当然のことだろう。上場している大企業であれば平均年齢は 40歳前後だ。また労働組合の状況にページが割かれている場合がある。その情報を載せている背景として，労働組合の力が強く，人数を削減しにくい企業体質だということを意味している。

コアファンを有する主力IPをグローバルブランドとして成長させる

遊技機事業におきましては，ラインナップ編成の最適化やユーザー視点のモノづくり，デジタルメディアの活用などを通じたユーザーコミュニケーションの拡大などを行い，ヒットの創出を目指します。また，映像制作の合理化等の開発効率の向上，部材共通化の促進や在庫の適正化による原価の削減，及びEC化の推進を図り事業の効率化を目指します。

ヒットの創出

(point) **業績等の概要**

この項目では今期の売上や営業利益などの業績がどうだったのか，収益が伸びたあるいは減少した理由は何か，そして伸ばすためにどんなことを行ったかということがセグメントごとに分かる。現在，会社がどのようなビジネスを行っているのか最も分かりやすい箇所だと言える。

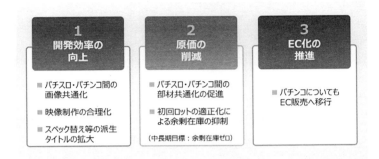

　リゾート事業におきましては，国内の『フェニックス・シーガイア・リゾート』及び海外の『パラダイスシティ』において，引き続き個別施策に取り組み，集客強化を図ってまいります。また，これまで蓄積してきた知見を活用し，市場成長が見込まれるゲーミング領域への投資実現を目指してまいります。

(3)　会社の対処すべき課題 ···

　エンタテインメントコンテンツ事業を取り巻く環境としては，コンシューマ分野におきまして，ゲーム配信プラットフォームの多様化，コンテンツ・サービスのデジタル化によってグローバルでのコンテンツ・サービス提供機会が多様化し，販売機会が長期化するなど市場環境が変化し続けております。新型コロナウイルス感染症の感染拡大による世界規模で生じた消費行動の変化に対する反動から，グローバルでのゲーム市場成長は短期的に落ち着きが見られるものの，中長期的な市場の活性化や成長については依然として期待が持続しております。このような環境のなか，コンシューマ分野を当グループの成長分野として位置づけ，グローバル規模での事業展開を推進すべく経営資源の集中を進め，優秀な人財の確保・育成による開発体制の充実や良質なコンテンツの開発，IPの創出・活用によるライブラリの拡充，商品・サービスの長期展開に伴うユーザーエンゲージメント強化等の取り組みが重要な経営課題であると考えております。

　遊技機業界では，規制環境や市場環境が大きく変化するなか，パチンコ機につ

いては定番機種を中心に堅調な稼働が続く一方で，パチスロ機については2022年6月より導入が開始された6.5号機，及び同年11月より導入が開始されたスマートパチスロの導入以降，稼働水準は上昇傾向にあります。このような環境のなか，規則等に適応し，市場ニーズに応えるゲーム性を備えた製品の開発に取り組むとともに，需要に応じた適切な部材調達を進めたうえで，製品の供給を行うことにより，長期目標として掲げている稼働・設置・販売それぞれのシェアについて維持及び拡大を図る必要があります。また，遊技機の部材共通化を進め，リユース等による原価改善や開発の効率化に取り組む等により，収益性を向上させていくことが経営課題であると考えております。

リゾート事業では，新型コロナウイルス感染症拡大に伴う行動制限の緩和や，観光需要喚起策等の寄与により，旅行需要の回復傾向が進んでおります。このような環境のなか，引き続き個別集客施策の強化に取り組むほか，差別化された感動体験を伴う高付加価値サービスの提供による持続的な収益体質の構築が経営課題であると考えております。

なお，2022年3月期〜2026年3月期までの5年間において，成長分野であるコンシューマ分野に1,000億円，ゲーミング領域に1,000億円，その他に500億円，合計2,500億円の成長投資を振り向けることとしております。既に一部の検討領域において成長投資を実行しておりますが，引き続き投資機会を見極め，事業成長を実現することにより，企業価値向上に努めてまいります。

当グループは，「感動体験を創造し続ける〜社会をもっと元気に，カラフルに。〜」というミッション／パーパスを掲げ，持続可能な社会の実現と企業価値向上を目指しております。2020年10月には，事業に紐づいた重要課題を外部のフレームワーク「SASBモデル」を用いて，以下の取り組むべき5つの重要課題（マテリアリティ）について特定しました。2022年5月にはサステナビリティビジョン「サステナビリティもカラフルに」を策定しました。引き続き当グループとして，ESG（環境，社会，ガバナンス）が掲げる持続可能な社会の実現に対応することが経営課題であると考えております。

・人（感動体験を創る人が育つグループへ）
・製品／サービス（安心・安全かつ革新的な製品／サービスの提供）

・環境（気候変動への対応を戦略に）

・依存症（依存症や障害を防ぐ）

・ガバナンス（サステナビリティガバナンスを強化する）

2　サステナビリティに関する考え方及び取組

　文中の将来に関する事項は，当連結会計年度末現在において当グループが判断したものであります。

（1）　サステナビリティに関する考え方 ・・

　「共感されない会社は生き残れない」この信念のもと，変革と成長を実現します。

SEGA SAMMY GROUP
SUSTAINABILITY VISION

サステナビリティもカラフルに

人生は喜怒哀楽で溢れている

そんな人々の生活に彩り豊かな感動体験を添える

それがセガサミーのサステナビリティです

私たちは、人に、社会に、地球に寄り添い

サステナビリティを自分ゴトとして誠実に取り組みます

このカラフルな世界で共感される企業として

私たちは感動体験を創造し続けます

　当グループは，2022年5月に「サステナビリティビジョン」を発表しました。SDGsをはじめ，企業が持続的に成長していくために取り組むべきことは，かつてなく多様になっています。私たちがエンタテインメントを通じて感動体験を提供し続けるためには，今，そして未来の人・社会・地球に寄り添った経営を行っていく必要があります。このサステナブルな経営の考え方をグループ全体に浸透させ，全社員が自分ゴトとして実践できるよう「サステナビリティビジョン」には思いを込めています。

　このビジョンのもと，5つのマテリアリティ（重要課題）である「人」，「製品／サービス」，「環境」，「依存症」，「ガバナンス」に対して，グループ各社で具体的

なマイルストンを定め取り組みを進めていきます。

サステナビリティビジョン，CEO メッセージ，その他サステナビリティに関する取り組みにつきましては，当社サステナビリティサイトもご参照ください。

https://www.segasammy.co.jp/ja/sustainability/

（2） ガバナンス

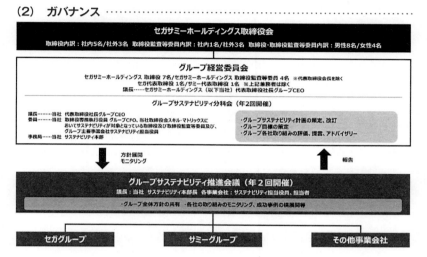

グループ経営委員会内にグループサステナビリティ分科会を設け，グループ方針や目標の策定，各社取り組み状況や目標の修正等について経営討議を実施しております。また，グループ方針や目標の意思決定は，当社の取締役会にて行っております。

意思決定された方針や目標は，グループサステナビリティ推進会議を通じて，グループ各社に共有されます。社会との接点を持つグループ各社は，事業を通じてさまざまな要望や顧客・ユーザーの声を把握し，それが同推進会議においてグループ各社に共有されます。グループ方針や目標に取り入れるべき取り組みについては，グループサステナビリティ分科会に報告され，討議される仕組みとなっております。

主要な組織は，主に以下の機能を果たしております。

グループ経営委員会 （グループサステナビリティ分科会）	・グループサステナビリティ計画の策定、改定における提言 ・グループ目標の策定及び進捗モニタリング ・各社取り組みの評価、提言、アドバイス
グループサステナビリティ推進会議	・グループ全体方針の共有 ・各社の取り組みのモニタリング、成功事例の横展開等
グループ各社	・各社内のプロジェクト推進体制構築 ・各社でのサステナビリティ計画の立案、実行 ・事業戦略への織り込み

(3) 戦略

① 気候関連

a) 短期・中期・長期の気候関連のリスク及び機会

　　当社は，将来の気候変動が事業活動に与えるリスク及び機会，財務影響を把握するため，TCFDが提唱するフレームワークに則り，シナリオ分析の手法を用いて外部環境変化を予測し，分析を実施しました。識別された当グループへの重要な影響が想定される気候関連のリスク及び機会の発現時期については，2年以内の短期，2年超～10年以内の中期，10年超の長期の3軸を基準としてシナリオ分析結果を開示しています。

セガサミーグループにおける気候関連のリスク及び機会の発現時期の定義

時間軸	発現時期	定義
短期	2年以内	事業計画などの実行期間
中期	2年超～10年以内	2030年頃まで
長期	10年超	2030年～2050年

b) 気候関連のリスク及び機会が組織のビジネス・戦略・財務計画に及ぼす影響

　＜分析手法・前提＞

　　当社は，TCFD提言の要請に基づき，外部専門家の助言も踏まえ，次の目的でシナリオ分析を実施しました。

　　・気候変動が当グループに与えるリスク及び機会とそのインパクトの把握

　　・2030年～2050年の世界を想定した当グループの戦略のレジリエンスと，さらなる施策の必要性の検討

　　シナリオ分析では，国際エネルギー機関（IEA）や，気候変動に関する政府間パネル（IPCC）が公表する複数の既存のシナリオを参照の上，パリ協定の目標である産業革命以前に比べて，世界の平均気温の上昇を1.5℃に抑えることを

想定したシナリオ（1.5℃未満シナリオ），及び新たな政策・制度が導入されず，公表済みの政策・規制が達成されることを想定した世界の温室効果ガスが，現在より増加するシナリオ（4℃シナリオ）の2つの世界を想定しました。

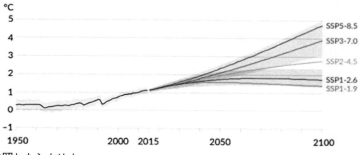

(a) Global surface temperature change relative to 1850–1900

参照したシナリオ

　1.5℃シナリオ：「Net Zero Emissions by 2050」（IEA,2022年），「SSP1-1.9」（IPCC,2021年）

　4℃シナリオ：「Stated Policy Scenario（STEPs）」（IEA,2022年），「SSP5-8.5」（IPCC,2021年）

＜分析結果＞

　2つの世界を想定したシナリオ分析から，気候変動が当グループに与えるリスク及び機会を特定し，政府による政策・法規制の導入，技術・市場等の移行リスク及び気候変動がもたらす異常気象等の物理リスクの検討を行いました。

シナリオ分析結果（リスク及び機会，影響）

区分	リスク及び機会	発現時期	当グループへの影響 （●リスク・○機会）	影響度
政策・法規制	温室効果ガス排出規制、炭素税の導入	中・長	●気候変動に関する規制が強化され、温室効果ガス排出量に対する炭素税が導入された場合には、炭素税負担が増加する。	中
		中・長	●気候変動に関する規制が強化され、温室効果ガス排出量に対する炭素税が導入された場合には、炭素税が調達価格へ転嫁され、調達コストが上昇する。	大
		中・長	○●再生可能エネルギー由来電力の使用により、電力料金が増加又は減少する。	小

資源効率	新たな規制の導入	短～長	●規制強化に伴う環境負荷の少ない代替素材（再生プラスチック／バイオマスプラスチック）への変更により、製造コストが上昇する。	大
	高効率ビルへの移転	中・長	○高環境配慮の住友不動産大崎ガーデンタワーに本社機能を集約することにより温室効果ガス排出量を抑制するとともに、将来的な炭素税の導入に伴う操業コストの上昇を抑制できる。	小
	リサイクル／リユースの利用	短～長	○使用済みアミューズメント機器のリサイクルや、遊技機の部品リユースにより、コストが減少する。	小
	環境に配慮した販売形態に変革していくことによる部材・包装材の削減等	中・長	○ゲームのオンライン販売や遊技機の販売を環境に配慮した販売形態に変革していくことにより、部材・包装材の削減等、コストが減少する。	大
物理	異常気象の激甚化	中・長	●製造拠点、オフィスの被災や休業により、売上が減少する。	小

c) 2℃以下シナリオを含む、さまざまな気候関連シナリオに基づく検討を踏まえた組織の戦略のレジリエンス

　当グループでは、2030年～2050年を想定した2つのシナリオにおける事業及び財務への影響を算定した結果、下記3項目の影響度が大きいと想定しました。戦略のレジリエンスを担保するため、対応策を立案し、対応を進めてまいります。

当グループへの影響 （●リスク・○機会）	影響度	対応策
●気候変動に関する規制が強化され、温室効果ガス排出量に対する炭素税が導入された場合には、炭素税が調達価格へ転嫁され、調達コストが上昇する。	大	取引先選定基準の検討を進めるとともに、サプライヤーエンゲージメント等の強化に継続的に取り組む。
●規制強化に伴う環境負荷の少ない代替素材（再生プラスチック／バイオマスプラスチック）への変更により、製造コストが上昇する。	大	製造コスト抑制も踏まえた製品素材の見直し等の検討を進める。
○ゲームのオンライン販売や遊技機の販売を環境に配慮した販売形態に変革していくことにより、部材・包装材の削減等、コストが減少する。	大	環境対策に取り組むプラットフォーマーとパートナーシップを構築して環境負荷低減に取り組む。また、遊技機部材の共通化及び交換パーツの極小化で環境負荷を低減する。

② 人財の育成及び社内環境整備に関する方針，戦略
人財育成・エンゲージメント向上

　当グループは、世界各地で多彩なエンタテインメントを開発、提供しております。グローバルな企業グループとして今後も成長していくためには、多様なカルチャーを持つ人財が集い、育っていける環境づくりが不可欠と考えます。人財が

育つグループを構築していくために，当グループでは，教育環境の充実，各種制度の拡充に注力しております。

a）　人財育成に関する基本方針

　　当グループの「人財育成に関する基本方針」の根底にあるのは，ミッションピラミッドです。

　　世の中が目まぐるしいスピードで変化し続け，新しい技術や環境変化によりライフスタイルが多様化している時代。ビジネスにおいても，その変革スピードはすさまじいものがあります。そのような状況下，当グループは，日本国内のみならずグローバルでの事業拡大を推し進めており，「セガサミーグループは社会に何をなすべきか」，「セガサミーグループの使命は何か」を明らかにするために，2017年にミッションピラミッドを定め，共有しています。

　　「ミッションピラミッドという共通の理念のもとに人々が集い働き，それぞれの個性を発揮しながら新たな感動を生み出していくには，どのような人財が求められるのか」，「変化し続ける世の中で，わたしたちの存在意義を発揮し続けていくために，人財領域では何ができるのか」。

　　変革の方向性を示すために，当グループの「人財育成に関する基本方針」として，2019年11月に策定されたのが，「セガサミーグループ HR変革ビジョン」です。

　　「セガサミーグループ HR変革ビジョン」は，グループ企業各社・各自の多様性を最大限に引き出しつつ，グループ企業である強みを発揮していくための，人事領域に関するありたい姿，変革の方向性を示すものです。

a-1) セガサミーグループHR変革ビジョン：大切な３つの要件

　当グループは，ミッション／パーパスである「感動体験を創造し続ける」ため，一人一人が"Game Changer（革新者）"であり続けられるように，必要な人財投資と仕組みづくりを行っております。

　この人事領域における指針として掲げているのが「セガサミーグループ HR変革ビジョン」で，それは次の３つの要件で構成されています。

(1) ミッションピラミッド実現が共通の絶対軸	グループ社員の一人ひとりが、ミッションピラミッドの実現に向けての挑戦的な役割と向き合い、相互に支えあい、力を引き出しあいながら、これを全うしていくことを強く奨励します。
(2) 脱年功：志と実力を示すものが挑戦し活躍できる環境	年功的・名目的な役割に応じた配置や処遇を排し、志と実力に応じた人の活用を徹底することで、革新に向けたパフォーマンスの向上と、個々の成長を促します。
(3) グループとして人財の活躍機会を最大化	人財の活躍機会は会社や組織に閉じず、グループ内での多様な活躍機会を提供することで、グループ人財価値の最大化を図ります。

　当グループはこのビジョンの実現に向けて，グループ及び各社において，人財開発や環境構築，制度改定や文化醸成など人事領域の変革を進めております。

b) 教育研修体制の強化

　当グループは，"個人の成長が組織の成長である"と考え，教育研修体制の充実を推し進め，人財育成に取り組んでいます。

　当グループの社員が目指すべき姿は，「Vision（あるべき姿）」で掲げている"Game Changer（革新者）"であること。その土台となる思考特性，行動様式として設定されているのが「SEGA SAMMY ５つの力：S.S.FIVE」です。

　人財育成では，この「５つの力」を備えた多様な社員を育てることで，それぞれが互いの能力・才能を活かし合いながらシナジーを起こし，大きな革新を起こせるような組織文化を醸成することを目指しています。

突破力 Drive
航路を切りひらく
Chart a course to new frontiers.

新しい価値を創るために、勇気をもって前進すること
Proactively tackle new challenges.

共感力 Empathy
こころの火を灯しあう
Realize that no-one travels alone.

相手を理解し、心を伝え、多くの人の協力を得ること
Actively build networks based on mutual trust.

決断力 Initiative
自分のコンパスを磨く
Guide by your own compass.

判断軸を磨き、自ら決断していくこと
Keep your goals in mind and act accordingly.

自制力 Control
誠実に みんなのために
Keep your rudder steady.

将来のために今どうあるべきかを考え、誠実に対応すること
Plan for the future. Act in the present with integrity and sincerity.

徹底力 Resolve
荒波でもオールをとめない
See the journey through.

そこに可能性がある限り、妥協せずに最後までやり抜くこと
Realize your potential and complete tasks to the best of your ability.

b-1） セガサミーカレッジ

　人財育成の場として，企業内大学「セガサミーカレッジ」のほか，コンプライアンスやITなどさまざまなテーマ別研修を行っています。

　「セガサミーカレッジ」は，"セガサミーらしいリーダーとしての成長機会をつくること"，"誰でも学びたいときに学ぶことができる場を提供すること"を目的に，2018年に設立された企業内大学です。

　"学び"を止めない育成環境を整備して，当グループの横断的な人財教育を推進しています。

　2018年の開講以降，2023年3月までに，延べ29,600人が受講していま

す。2020年以降は従来の集合型研修に加えてオンライン研修やeラーニングを導入し，場所や時間に制限されない柔軟な研修スタイルを実現しています。

　セガサミーカレッジの詳細な内容は，当社サステナビリティサイトをご参照ください。

https://www.segasammy.co.jp/ja/sustainability/esg/esgsociety/

c)　ダイバーシティ・エクイティ＆インクルージョン

　当グループは，多様な人財が活躍できる就業環境を整備しております。（グループ内の一部の会社での取り組みも含んでおります。）

c-1)　ワークライフバランスの向上

　当グループは，多様な人財がキャリアを分断されることなく活躍できるよう，「時間・場所」に縛られない就業環境を構築しています。従来のフレックスタイム制度・短時間勤務制度・在宅勤務（テレワーク）制度をさらに拡充し，個別の事情に応じて働く時間や場所を選択可能とすることで"安心して仕事を続けるための環境"を整備し，育児・介護・女性活躍を支援します。

項目	概要
セレクトタイム制度	育児や介護などの事情がある社員を対象に働く時間を選択できる制度 ・所定労働時間を1日4時間～7時間の間で選択できる ・すきま時間を活用したフルタイム勤務（8時間）ができる
セレクトロケーション制度	地方での介護や配偶者の転勤などの事情がある社員を対象に、場所に縛られずに働くことができる制度 ・事情に応じて地方などロケーション（勤務地）を選択しテレワークできる ・対象者は、常時、テレワークが可能な職種に限定（出社は月に1～2回程度）

c-2)　育児支援

　育児休業は法定を上回る支援制度を整備し，休業の延長やフレックスタイム制度の活用による育児との両立をサポートしています。加えて，出産時に一時金として100万円を支給する制度や，就学時の祝い金など子育て支援にも取り組んでいます（各社制度は異なります）。

項目	概要
育児休業期間の延長	法定：最大2歳まで 当社：最大子が2歳に達した後、初めて到来する4月まで ※保育所に入所できない等の場合にのみ、延長可能となります。

育児短時間勤務の利用期間	法定：子が3歳に達するまで 当社：子が小学校4年生になるまで ※ただし、子が小学校就学後～小学校4年生になるまでの期間については、1日1時間を超えない範囲で早退を認めるものとします。
積立年休を利用した育児休業	育児休業期間が20日未満の場合、積立年休を利用できます。 ※有給休暇扱いとなります。
短時間フレックスタイム制度	育児短時間勤務の適用を受けられる社員が希望する場合、 契約労働時間＝個別に定めた時間（6～8時間未満）×1ヶ月の所定労働日数として、フレックスタイム制度の利用が可能となります。

c-3) 介護との両立支援

育児と同様，介護においても法定を上回る対応をしており，介護による経済的負担や帰省などで生じる身体的負担を少しでも軽減できるよう，さまざまな両立支援制度を整備しています。

項目	概要
介護休業中（無収入期間）に対する金銭的サポート	当社の介護休業期間は法定以上の93営業日となりますが、法定を超えた期間については雇用保険からの介護休業給付金が支給されず、無収入となるため、その無収入期間に対して金銭的サポートを行います。
介護のための帰省交通費に対する金銭的サポート	同居していない父母の介護のために、毎月、複数回、継続して帰省する必要がある社員のサポートを目的として、帰省にかかる交通費の一部を会社が負担します。
貸付金の貸付事項	貸付金について、家族介護にかかる一時費用だけではなく、継続的に発生する費用についても貸付金の対象とします。
法定以上の介護短時間勤務の利用期間	法定：3年 当社：5年 ※平均介護期間が約5年といわれていることから「5年」と設定。
介護のための帰省時翌日（当日）の出社時間の柔軟化	同居していない父母の介護のために帰省した場合、帰省による肉体的負担が生じることが想定されるため、その負担を軽減することを目的に介護を終えて帰宅した日の翌日（当日）の始業時間を遅らせることができます。
法定以上の介護短時間勤務の分割回数	法定：2回まで 当社：4回まで ※要介護者の状況に応じて柔軟に対応できるように「4回」と設定。
短時間フレックスタイム制度	介護短時間勤務の適用を受けられる社員が希望する場合、 契約労働時間＝個別に定めた時間（6～8時間未満）×1ヶ月の所定労働日数として、フレックスタイム制度の利用が可能となります。

c-4) 性的マイノリティに関する支援

当グループは，同性パートナーにも配偶者と同じ権利・地位が認められるよう，さまざまな制度を設けています。

大項目	中項目	概要
休暇・休職	慶事・弔事の特別休暇	同性パートナーとの結婚時、同性パートナーの死亡時などに特別休暇を取得できます。
	介護関連	同性パートナーが要介護状態になった時、介護休業や介護短時間勤務などが利用できます。
支給金	別居手当／結婚祝金／出産祝金／香典	関連規程の配偶者と同等の扱いとします。
	弔慰金	社員本人が死亡した際、弔慰金を同性パートナーへ支給することができます。

大項目	中項目	概要
休暇・休職	慶事・弔事の特別休暇	同性パートナーとの結婚時、同性パートナーの死亡時などに特別休暇を取得できます。
	介護関連	同性パートナーが要介護状態になった時、介護休業や介護短時間勤務などが利用できます。
支給金	別居手当／結婚祝金／出産祝金／香典	関連規程の配偶者と同等の扱いとします。
	弔慰金	社員本人が死亡した際、弔慰金を同性パートナーへ支給することができます。
赴任・出張	下見・正式赴任時の諸経費／転勤休暇／赴任手当／単身赴任帰郷旅費	関連規程の配偶者と同等の扱いとします。
福利厚生	貸付金	関連規程の配偶者と同等の扱いとします。
	保養所	同性パートナーも「メンバー」料金で利用できます。
就業サポート	積立年休の利用用途拡大	就業継続サポートとして、トランスジェンダーの方が性別適合手術、ホルモン治療を受ける際に積立年休を利用できます。

　　上記取り組みのほか，当社サステナビリティサイトに以下の取り組みを掲載しておりますので，ご参照ください。

　　https://www.segasammy.co.jp/ja/sustainability/esg/esgsociety/

　　・「PRIDE指標2022」にて4年連続「ゴールド」を受賞

　　・「ビジネスによるLGBT平等サポート宣言」に賛同

　　・同性パートナーのための「パートナーシップ証明書」

　　・「Business for Marriage Equality」へ賛同

　　・「東京レインボープライド」におけるブース出展・パレード参加

　　・SEGA Europe Limited.における DEIコミュニティの取り組み

　　・アライ（ally）を示すレインボーストラップの配布

c-5)　セガサミー Women's Empowerment PJT（女性活躍推進施策）

　　当グループは，誰もが活躍できる基盤を一層強固にすることを目指し，国内主要会社における人財戦略の一つとして「女性活躍（性別に関わらず誰でも活躍できる）」を掲げ，さまざまな取り組みを行っています。

　　採用や制度の充実に加えてこれらの取り組みを進めることで，2030年までに女性管理職比率を2倍程度まで引き上げることを目標としています。

　　2023年3月期の女性活躍推進実施施策

　　・部長向けアンコンシャスバイアス研修

　　・女性のキャリア形成のサポート（妊娠・出産・復職サポート）

　　・タウンホールミーティング〜女性活躍〜

・フェムテック・ウェルネス＆キャリアセミナー

・若手女性社員向けキャリアワークショップ

なお，各施策の詳細につきましては，当社サステナビリティサイトをご参照ください。

https://www.segasammy.co.jp/ja/sustainability/esg/esgsociety/

c-6) 障がい者雇用の取り組み

障がいの有無に関わらず，個性を尊重し誰もが活躍できる職場の提供を目指し，2015年に特例子会社「セガサミービジネスサポート」を設立しました。当グループの障がい者雇用率は，2023年3月現在2.51％となっており，職域拡大と採用の推進とともに，仕事の質の向上を目指し，「障がい者雇用」を通して，当グループの DEI（ダイバーシティ・エクイティ＆インクルージョン）の促進と企業価値向上に取り組んでいます。

なお，セガサミービジネスサポートに関する詳細は，セガサミービジネスサポート株式会社ホームページをご参照ください。

https://www.segasammybusinesssupport.co.jp/

c-7) シニアに対する取り組み

当グループは，意欲，能力のある高齢者が，年齢に関係なく活躍できる生涯現役社会を実現するため，「定年後継続雇用制度」を設け，中高年社員が豊富な知見を活かして定年後も活躍できる場を提供することを推進しています。

継続雇用者の労働時間は「正社員就業規則」に準じますが，場合によっては働く時間や日数の希望を柔軟に考慮し，定年後の社員のライフスタイルに合わせてサポートしてまいります。

定年到達者のうち，定年後も雇用継続している者の割合（人数）

当社：100％（3名）

株式会社セガ：91％（20名）

※期間：2020年4月～2022年12月

(4)　リスク管理

　当グループは，リスク管理等に関する施策，情報を議論・検証・共有する場として，2022年4月にグループ経営委員会内にグループリスク・コンプライアンス分科会を設置しました。グループ内に潜在するリスクについて影響度と発生可能性を検証し，リスク評価を行った上で，その対策などについて議論，検証などを行った結果を取締役会に報告しております。

　気候関連リスクについては，グループサステナビリティ分科会において，対応策の進捗のモニタリングを実施し，グループリスク・コンプライアンス分科会へ共有することで，グループ内に潜在するリスクに統合されます。主要なリスクの検証・評価を行った上で，その対策について議論と検証をした結果を，取締役会に報告しております。また，事業ポートフォリオの決定や大型の投融資の際の判断基準の一つとして，気候関連リスクを含むサステナビリティの観点で確認しております。

(5)　指標及び目標
①　気候関連
a)　気候関連のリスク及び機会を評価する際に用いる指標

　当グループは，気候関連のリスク及び機会を管理するため温室効果ガス（Scope1，2，3）排出量を指標として定めています。

b)　Scope1，Scope2及びScope3の温室効果ガス排出量

　当グループは，2014年度から，グループ全体の温室効果ガス排出量の算定に取り組んでいます。

　当グループは，2022年3月期のScope1，2，3の温室効果ガス排出量について，ソコテック・サーティフィケーション・ジャパン株式会社より，「ISO14064-3温室効果ガスに関する主張の妥当性確認及び検証のための仕様並びに手引」に準拠した限定的保証業務を受けました。その結果，同社より「2021年4月1日～2022年3月31日の温室効果ガス排出量情報が，規律に準拠して作成，開示されていないと信じさせる事項はすべての重要な点において認められなかった」との結論を受領しております。

なお，ソコテック・サーティフィケーション・ジャパン株式会社は，「ISO17021適合性評価・マネジメントシステムの審査及び認証を行う機関に対する要求事項」の認定要求事項に適合する包括的なマネジメントシステムを導入，維持しているほか，「ISO14065温室効果ガス・認定又は他の承認形式で使用するための温室効果ガスに関する妥当性確認及び検証を行う機関に対する要求事項」に従ってマネジメントシステムを確立しております。

2022年3月期Scope1，2，3温室効果ガス排出量実績

カテゴリ	排出量（t-CO₂）	シェア（%）
Scope 1	7,049	1.1
Scope 2	20,982	3.3
Scope 3	607,175	95.6
Scope 1、2、3合計	635,207	100.0

c)　気候関連のリスク及び機会を管理するために用いる目標及び目標に対する実績

　c-1）　Scope1，2について

　　　　カーボンニュートラルの達成に向けて，期限を定めて取り組んでいます。

　　　・主要事業であるエンタテインメントコンテンツ・遊技機事業において，2030年までにカーボンニュートラル達成

　　　・グループ全体では2050年までにカーボンニュートラル達成

　　Scope1，2温室効果ガス排出量削減に向けたロードマップ

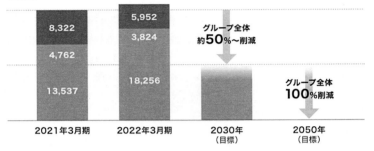

Scope1，2温室効果ガス排出量推移グラフ

Scope1,2

(t-CO₂)

		5,952		
8,322		3,824	グループ全体 約**50**%〜削減	
4,762		18,256		グループ全体 **100**%削減
13,537				
2021年3月期	2022年3月期	2030年 (目標)	2050年 (目標)	

■エンタテインメントコンテンツ事業(SSHD含む)　■遊技機事業　■リゾート事業

Scope1，2温室効果ガス排出量の目標実績対比表

カテゴリー	2021年3月期 (t-CO₂)	2022年3月期 (t-CO₂)	2030年 (t-CO₂)
エンタテインメントコンテンツ事業（当社含む）	8,322	5,952	グループ全体で 50％以上削減 （2021年3月期比）
遊技機事業	4,762	3,824	
リゾート事業	13,537	18,256	
Scope 1、2合計	26,621	28,032	

温室効果ガス排出量削減への取り組み

　当グループは，省エネの取り組みと高環境性能ビルへの拠点集約により，大幅なエネルギー削減を実現しています。環境保全やさらなる CO2排出量の削減に向けて，住友不動産株式会社及び東京電力エナジーパートナー株式会社と連携し，日本の再エネ電源総量の増加に直接寄与する「新設太陽光発電所由来」の生グリーン電力をオフィスビルのテナント専有部に導入するスキームを構築し，当グループ本社の専有部に2021年12月より導入しています。

　なお，太陽光発電でまかなえない夜間等は，非化石証書を活用することで，当グループ本社の使用電力を実質的に100％グリーン電力化が可能となっています。

(point) **対処すべき課題**

有報のなかで最も重要であり注目すべき項目。今，事業のなかで何かしら問題があればそれに対してどんな対策があるのか，上手くいっている部分をどう伸ばしていくのかなどの重要なヒントを得ることができる。また今後の成長に向けた技術開発の方向性や，新規事業の戦略についての理解を深めることができる。

c-2)　Scope3について

　グループ主要事業会社である株式会社セガ及びサミー株式会社において，2030年までに SBT水準を満たす約22.5％以上の削減達成を目指し，サプライヤーアンケート等により取引先とのエンゲージメントを高めることなどの取り組みを実施しております。

Scope3温室効果ガス排出量推移グラフ

Scope3
(t-CO₂)

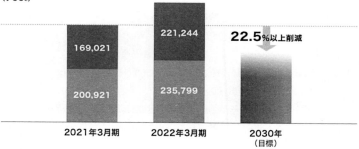

（株）セガ，サミー（株）Scope3温室効果ガス排出量の目標実績対比表

カテゴリー	2021年3月期 (t-CO₂)	2022年3月期 (t-CO₂)	2030年 (t-CO₂)
㈱セガ	169,021	221,244	
サミー㈱	200,921	235,799	22.5％以上削減 （2021年3月期比）
Scope 3 合計	369,942	457,043	

温室効果ガス排出量削減への取り組み

　当グループは，Scope3の温室効果ガス排出量の削減を目指しており，その一環として，2022年3月期からサプライヤーアンケートを実施しています。取引先とのエンゲージメントを高めるとともに，得られた結果をサプライチェーンでの温室効果ガス排出量の削減に役立てています。2023年3月期には，41社まで対象範囲を拡大しています。

サプライヤーアンケート実施企業数

2022年3月期	2023年3月期
24社	41社

② 人財の育成及び社内環境整備に関する方針に関する指標の内容並びに当該指標を用いた目標及び実績

当グループは，ミッション /パーパスである「感動体験を創造し続ける」ため，さまざまな環境変化の中でも変革を起こしていく「Game Changer（革新者）」でありたい，というビジョンを掲げています。

ミッション /パーパスの実現，持続的な企業成長のためには，人財を大切な資本ととらえ，適切な教育・育成環境の構築と投資を継続しなければなりません。

当グループは，グループの事業戦略に照らして，「マルチカルチャー」「女性活躍」「中核人財育成」「職場環境整備」の 4 つを人財における重要指標と定め，独自の測定可能な数値目標を策定し，追求しています。

a) マルチカルチャー

主要事業会社である株式会社セガにおいて，世界30億人のゲーマーに刺さるコンテンツとサービスを提供し，海外売上高比率の向上を中長期目標として掲げている中，当グループは既に世界各国のゲーム開発スタジオにおいて約2,000名の人財を擁しております。これらの海外スタジオのメンバーと日本国内のメンバーが，互いの文化を理解し，グローバルビジネス展開を進めていくことが必要であることに加え，サミー株式会社においても新規事業領域への挑戦を進めていく中で，当社，株式会社セガ，サミー株式会社におけるマルチカルチャー人財（外国語・国外在住歴・外国籍）の採用と育成を指標としています。

マルチカルチャーに係る目標と実績は次のとおりです。

(point) **事業等のリスク**

「対処すべき課題」の次に重要な項目。新規参入により長期的に価格競争が激しくなり企業の体力が奪われるようなことがあるため，その事業がどの程度参入障壁が高く安定したビジネスなのかなど考えるきっかけになる。また，規制や法律，訴訟なども企業によっては大きな問題になる可能性があるため，注意深く読む必要がある。

マルチカルチャー*人財の育成
●人財数（比率）

対象グループ会社に占める割合：約15%
554名
2022/3期
12月時点

約17%
累計
658名
2023/3期
実績

約21%以上
累計
約**900名**
2031/3期
目標

* 外国籍である、海外滞在歴があり多文化を経験している、英語・中国語など複数の言語で一定のスキルを認められているなど複数の基準から認定。多様なカルチャーに接し、その経験を業務に活かすことのできる人財

対象会社：セガサミーホールディングス、セガ（国内）、サミー

b)　女性活躍

　　大きく変化する市場環境や多様なユーザー志向に応え感動体験を創造し続けていくためには，性別に関わらず志と実力ある者が活躍できる環境が必要です。そのための1つの指標として，当社，株式会社セガ，サミー株式会社における女性管理職比率を指標としています。

　　女性活躍に係る目標と実績は次のとおりです。

女性活躍
●女性管理職数（比率）

約**5%***
（42名）
2021年

約**6%**
（72名）
2023/4/1
実績

約**8%**以上
（80名以上）
2030年
目標

* 全管理職に占める女性管理職比率（専門職を含む）

対象会社：セガサミーホールディングス、セガ（国内）、サミー

c)　中核人財育成

　　将来の予測が困難で，大きな環境変化が日々起こっている VUCA の時代，持続的な企業成長のためには，一人一人の人財が己のスキルを磨き向上し続け，その個性を最大限に発揮することが求められます。当グループにおいては，

2018年にグループ横断的な教育機関たる「セガサミーカレッジ」を設立し，選抜型・階層別型・手挙式の区分のもと，普遍的なスキル・新たに必要となるスキル，そしてセガサミーらしいリーダーへの成長を促すプログラムを用意，セガサミーカレッジの機能を更に拡張し，"セガサミーらしい文化"を育み，競争力の源泉としていくため，次代を担う人財育成のための教育投資額を指標としています。

中核人財育成に係る目標と実績は次のとおりです。

中核人財の育成

●教育投資額

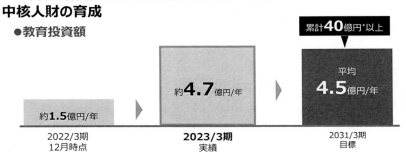

*　2023/3期〜2031/3期までの累計投資額
　対象会社：セガサミーホールディングス、セガ（国内）、サミー

d)　職場環境整備

多様な価値観をもった人財が，グループミッション実現にむけて活き活きと協働する状態こそが感動体験を創造し続けることに資するものと考え，人的資本たる人財がグループの目指すミッションのもとにエンゲージしている状態を目指すべく，国内主要グループ会社におけるエンゲージメントスコアを指標としています。

職場環境整備に係る目標と実績は次のとおりです。

職場環境整備

●エンゲージメントスコア

50.1* (B*)	52.8 (BB)	58以上 (A以上)
2021年	2023/3 実績	2030年 目標

* 出典：株式会社リンクアンドモチベーション モチベーションクラウドによるエンゲージメントスコア
* エンゲージメント・レーティング
　対象会社：国内主要グループ会社

<hr>

3　事業等のリスク

　当グループの経営成績等に影響を及ぼす可能性のある事業等のリスクは以下のとおりであります。以下に記載したリスク以外でも当グループの想定を超えたリスクが顕在化した場合には，当グループの経営成績等に影響を及ぼす可能性があります。また，文中の将来に関する事項は，当連結会計年度末現在において当グループが判断したものであります。

（1）　重要なリスク ··

①　個人情報等の情報管理について

　当グループでは，事業遂行上，顧客の機密情報や個人情報を間接的に入手し取り扱う機会があり，これらの情報資産を保護するため，情報管理規程を定め，サーバー設備のセキュリティ強化，社内ネットワークや情報機器の適切なセキュリティ手段を講じることによる不正アクセス防止等の措置を講じ，情報管理については万全を期しております。しかしながら，不測の事態により情報漏洩等の事故が発生した場合には，損害賠償等による予期せぬ費用が発生し，当社の事業活動及び業績に影響を及ぼす可能性があります。また，世界各国・地域で個人情報を保護するための法律の整備が進められているため，特に海外の個人情報を取り扱う際には法律内容の十分な把握と迅速な社内体制の構築が必要であると認識しております。

<hr>

② 遊技機事業の法的規制等について

　遊技機事業において製品を販売する際は，「風俗営業等の規制及び業務の適正化等に関する法律」及び関連法令に基づき，国家公安委員会規則の「遊技機の認定及び型式の検定等に関する規則」で定められた「技術上の規格」に適合し，各都道府県公安委員会においてその旨の検定を受けることが必要となります。また，遊技機の射幸性の抑制を主な柱とした「風俗営業等の規制及び業務の適正化等に関する法律施行規則及び遊技機の認定及び型式の検定等に関する規則の一部を改正する規則（規則改正）」が2018年2月1日より施行されております。当グループでは，射幸心をあおる等，善良の風俗及び清浄な風俗環境の保持を害するような表現や誤解を与えるような表現を社内の倫理委員会のもと規制しております。さらに，不正な方法で利益を得る，いわゆる"ゴト行為"を未然に防ぐために遊技機不正対策担当部門を設け，継続的に市場情報の収集をするなどして不正に強い遊技機作りに取り組んでおります。しかしながら，法令又は規則等に重大な変更が加えられた場合，また，国際的な各種イベントの開催に伴う販売自粛期間が設けられた場合には，当グループの経営成績に大きな影響を及ぼす可能性があります。

(2) 経営全般のリスク

　当グループでは，グループ内に潜在するリスクについて影響度と発生可能性によるクロスマッピングを行い，リスク評価を行った上で，その対策などについて検証などを行った結果，特に重要と判断しているリスクは以下のとおりであります。

リスク項目	概要	主な対策
コンプライアンス、法令違反	・コンプライアンス、法令違反による IR事業者の許認可取得の阻害、ネバダ州ゲーミング・コミッションの適格剥奪のリスク ・当グループの提供する製品・サービスによる第三者への権利侵害 ・当グループの製造する製品の不具合 ・ユーザー等からの予期せぬ苦情から発生する訴訟によるブランドイメージ棄損のリスク	・専門部署設置によるハラスメント研修、コンプライアンス研修、他コンプライアンス啓発活動の実施 ・内部通報窓口（企業倫理ホットライン）の浸透 ・反社会的勢力との関与防止活動として、取引先の背面調査を実施

	主なリスクの概要	主な対策
災害等	・本社、事業所、生産拠点及び当グループの取引先が、地震、火災、洪水等の大規模自然災害やテロ攻撃等によって物的・人的に想定を超える被害を受けるリスク	・「危機管理ガイドライン」を「危機管理規程」に変更し、事業活動に潜在するリスクを特定し、平常時からリスクの低減及び危機の未然防止に努めるとともに、重大な危機が発生した場合の即応体制整備・維持
情報セキュリティ	・ハッキング等の外的攻撃による重要情報の流出 ・コンピュータウイルス等により情報システムの不具合、故障 ・顧客の機密情報や個人情報の漏えい ・世界各国の個人情報を保護するための法律に違反するリスク	・グループ各社へのセキュリティガバナンス強化活動、教育活動、監査活動の実施 ・事前予防策（監視やモニタリング）、事後対策の実施（インシデント対応）、脆弱性診断の実施など ・セキュリティ監視ツールの強化 ・海外の個人情報を取り扱う際の、法律内容の把握と迅速な対応のための社内の専門チームの設立（グループプライバシー推進室）
原材料の調達難、 原材料の高騰	・紛争、新型コロナウイルス感染症の拡大等によるサプライチェーンの分断 ・原材料の高騰による価格転嫁がもたらす買い控え	・代替部品を使用した製品の開発
ＥＳＧ及びＳＤＧｓにおける重要課題 （マテリアリティ）	・ＥＳＧ観点において、適切な行動が取られていない場合、顧客からの取引の停止や、ブランドの社会的損失のリスク	・グループ経営委員会にグループサステナビリティ分科会を設置し、重要課題（マテリアリティ）への取組を実施

（3）　事業別のリスク

　当グループの事業内容は多岐にわたり，それぞれの事業によって受けるリスクが異なります。事業ごとの特有のリスクについては以下のとおりであります。

セグメント	主なリスクの概要	主な対策
エンタテインメントコンテンツ事業	・コンシューマ分野における高クオリティ、有力ＩＰを使用したタイトルの出現による競争環境の激化 ・アミューズメント機器分野における個人消費動向の変化やユーザーニーズの変化による施設オペレーターの設備投資意欲減衰 ・家庭用ゲームソフトや玩具などにおける、商戦時期に新商品が投入できなかった場合の余剰在庫の発生	・運営数及び新作タイトル投入規模の適正化 ・施設オペレーターの投資効率の向上と当グループの長期安定収益確保を実現する収益モデルの提供 ・製品開発管理の強化

遊技機事業	・ギャンブル依存症問題	・業界を横断した「のめり込み」対策への取り組み
	・ユーザー嗜好の変化	・市場ニーズに応える斬新なゲーム性を備えた製品の開発体制の構築
	・原材料の調達不足のリスク	・部材の共通化
		・調達リードタイムの短縮化
		・棚卸資産管理強化
	・余剰部品の発生	・他の製品への有効活用
リゾート事業	・感染症再拡大による来客数減少のリスク	・新型コロナウイルス感染症対策として、国及び自治体の方針に従い、予防対策の徹底を実施

(4) 個別のリスク

　当グループの経営成績等に影響を及ぼす可能性のある事業外のその他のリスクは以下のとおりであります。

リスク項目	主なリスクの概要
M&A等による事業拡大	・当初期待していたシナジー効果が得られないリスク ・M&A後の業績不振による経営成績毀損のリスク
減損会計の適用	・将来キャッシュ・フロー低下による設備投資額やのれん計上額に対する減損処理のリスク
保有投資有価証券の毀損	・時価の下落による経営成績毀損のリスク ・実質価額低下による減損処理のリスク
繰延税金資産の毀損	・税務上の繰越欠損金や将来減算一時差異の回収見込みの減少による税金費用の計上のリスク
為替の変動による毀損	・海外市場での販売活動及び部材調達等における為替相場の変動リスク ・海外子会社及び関連会社における為替相場変動による為替換算調整勘定を通じた純資産の毀損リスク

4　経営者による財政状態，経営成績及びキャッシュ・フローの状況の分析

(1) 経営成績等の状況の概要

　当連結会計年度における当グループ（当社，連結子会社及び持分法適用会社）の財政状態，経営成績及びキャッシュ・フロー（以下，「経営成績等」という。）の状況の概要は次のとおりであります。

① 経営成績の状況

　エンタテインメントコンテンツ事業を取り巻く環境としては，コンシューマ分野におきまして，ゲームプラットフォームが拡大・多様化するとともに，ゲーム

コンテンツやサービスのデジタル化が進行しております。その結果として，パッケージ販売に加え，ダウンロード販売，F2P，サブスクリプションサービス等の登場・発展，及びグローバルでのコンテンツ・サービス提供機会の拡大による収益機会の多様化や，販売期間の長期化等，市場環境が大きく変化し続けております。新型コロナウイルス感染症の感染拡大による世界規模での消費行動変化の反動から，市場動向には落ち着きが見られたものの，依然としてグローバルでのゲーム市場の活性化や成長に対する期待が持続しています。アミューズメント機器市場につきましては，円安に起因した原材料の高騰の影響を受けながらも，プライズカテゴリーが好調に推移し，市場全体を牽引し，全体としては底堅く推移しました。

遊技機業界におきましては，パチンコ機については定番機種を中心に稼働する状況が続く一方で，パチスロ機については規制見直しを反映した6.5号機及びスマートパチスロの導入に伴い，稼働水準は上昇傾向にあります。部材調達面では引き続き注視が必要ですが，調達状況では改善傾向が見られました。

リゾート業界におきましては，国内においては，当連結会計年度において新型コロナウイルス感染症まん延防止等重点措置の実施による行動制限が行われなかったほか，観光需要喚起策としての全国旅行支援策も寄与し，旅行需要の回復幅は高い傾向が見られました。インバウンドについては，日本入国時における水際対策の緩和が進み，一部回復傾向が見られました。

このような経営環境のもと，当連結会計年度における売上高は389,635百万円（前期比21.4％増），営業利益は46,789百万円（前期比46.0％増），経常利益は49,473百万円（前期比48.4％増），また，米国子会社における繰延税金資産の計上，繰越欠損金による課税所得の減少や，英国子会社における研究開発に関する税額控除により法人税等が減少したことから，親会社株主に帰属する当期純利益は45,938百万円（前期比24.1％増）となりました。

セグメント別の概況は以下のとおりであります。

なお，文中の各セグメントの売上高は，セグメント間の内部売上高を含んでおりません。

《エンタテインメントコンテンツ事業》

コンシューマ分野におきましては，フルゲームにおいて，新作タイトルとして『ソニックフロンティア』，『ペルソナ５ザ・ロイヤル』リマスター版，『龍が如く維新！極』等を販売し，販売本数は1,009万本（前期は877万本の販売）と好調に推移しました。他方，リピートタイトルの販売は市場動向の落ち着きにより軟調に推移し，販売本数は1,779万本（前期は1,843万本の販売）となりました。その結果として，フルゲームの販売本数は全体で2,789万本（前期は2,720万本の販売）となりました。F2Pにおいては，『プロジェクトセカイカラフルステージ！feat.初音ミク』，及び開発は株式会社セガ，パブリッシャーは株式会社バンダイナムコエンターテインメントが担う『ONE PIECEバウンティラッシュ』が牽引し，好調に推移いたしました。

アミューズメント機器分野におきましては，UFOキャッチャー®シリーズやプライズ等を中心に販売いたしました。

映像・玩具分野におきましては，映像において劇場版『名探偵コナンハロウィンの花嫁』を公開したほか，映像制作や配信に伴う収入等を計上し，玩具において『カメラもIN！マウスできせかえ！すみっコぐらしパソコンプレミアムプラスデコ』等の新製品や定番製品を販売いたしました。

以上の結果，売上高は282,881百万円（前期比19.9％増），経常利益は41,181百万円（前期比11.7％増）となりました。

《遊技機事業》

パチスロ機におきましては，『パチスロ甲鉄城のカバネリ』や『パチスロ幼女戦記』等の6.5号機が好調に推移し，94千台の販売（前期は77千台の販売）となりました。特に『パチスロ甲鉄城のカバネリ』については，2022年7月の発売後から高水準の稼働を維持しており，複数回にわたって追加販売を実施したことから，期初計画を大幅に上回る販売台数となりました。パチンコ機におきましては，主力シリーズ機『Ｐ真・北斗無双第４章』等の販売を行い，103千台の販売（前期は97千台の販売）となりました。なお，2024年3月期発売タイトルについて，一部台数を2023年3月期中に先行納品しており，当該台数につきましては2023年3月期に計上しております。

以上の結果，売上高は94,253百万円（前期比24.2％増），経常利益は20,713百万円（前期比101.4％増）となりました。

《リゾート事業》

リゾート事業におきましては，『フェニックス・シーガイア・リゾート』において，政府や独自の観光需要喚起策が寄与したことや，個人客を中心に各種施策や CRM 強化に取り組んだことにより，当グループとなって以来，最高の売上高と初の黒字化を達成いたしました。

海外におきましては，PARADISE SEGASAMMY Co., Ltd.（当社持分法適用関連会社）が運営する『パラダイスシティ』において，2022年6月以降は渡航制限の緩和に伴いカジノ売上の回復が徐々に見られ，2022年10月以降の日本人 VIP 客のドロップ額（チップ購入額）については新型コロナウイルス感染症拡大前を超える水準での急速な回復が見られました。

※　PARADISE SEGASAMMY Co., Ltd. は12月決算のため3ヶ月遅れで計上
　　以上の結果，売上高は11,540百万円（前期比33.2％増），経常損失は3,217百万円（前期は経常損失6,738百万円）となりました。

② **財政状態の状況**

（資産及び負債）

当連結会計年度末における資産合計は，前連結会計年度末に比べ66,073百万円増加し，501,566百万円となりました。

流動資産は，前連結会計年度末に比べ66,073百万円増加いたしました。これは，現金及び預金，売上債権及び棚卸資産がそれぞれ増加したこと等によるものであります。

固定資産は，前連結会計年度末に比べ0百万円増加いたしました。これは，製作出資等に伴う出資金が減少した一方で，有形固定資産及び無形固定資産が増加したこと等によるものであります。

当連結会計年度末における負債合計は，前連結会計年度末に比べ27,363百万円増加し，170,218百万円となりました。これは，仕入債務や契約負債が増加したこと等によるものであります。

（純資産）

当連結会計年度末における純資産は，前連結会計年度末に比べ38,710百万

円増加し，331,347百万円となりました。これは，配当金の支払や自己株式の取得により株主資本が減少した一方で，親会社株主に帰属する当期純利益を計上したこと等によるものであります。なお，自己株式の消却により，資本剰余金と自己株式がそれぞれ45,480百万円減少いたしました。

（財務比率）

当連結会計年度末における流動比率は，仕入債務や契約負債が増加したこと等により，前連結会計年度末に比べ36.7ポイント低下し294.1％となりました。

また，当連結会計年度末における自己資本比率は，前連結会計年度末に比べ1.1ポイント低下し，66.0％となりました。

③ キャッシュ・フローの状況

当連結会計年度末における現金及び現金同等物の残高は，前連結会計年度末に比べ27,049百万円増加し，179,509百万円となりました。

当連結会計年度における各キャッシュ・フローの状況は以下のとおりです。

（営業活動によるキャッシュ・フロー）

棚卸資産が22,481百万円増加し，売上債権が13,493百万円増加した一方で，税金等調整前当期純利益を47,069百万円計上したこと，減価償却費を10,669百万円計上したこと及び契約負債が15,545百万円増加したこと等により，当連結会計年度における営業活動によるキャッシュ・フローは44,704百万円の収入（前連結会計年度は39,607百万円の収入）となりました。

（投資活動によるキャッシュ・フロー）

投資事業組合からの分配により3,510百万円の収入があった一方で，有形固定資産の取得により4,944百万円，無形固定資産の取得により5,875百万円をそれぞれ支出したこと等により，当連結会計年度における投資活動によるキャッシュ・フローは2,351百万円の支出（前連結会計年度は8,794百万円の支出）となりました。

（財務活動によるキャッシュ・フロー）

長期借入により10,000百万円の収入があった一方で，長期借入金の返済により10,191百万円，配当金の支払により8,865百万円，自己株式の取得により4,987百万円をそれぞれ支出したこと等により，当連結会計年度における財

務活動によるキャッシュ・フローは15,358百万円の支出（前連結会計年度は35,970百万円の支出）となりました。

④ **生産，受注及び販売の実績**

a) 生産実績

当連結会計年度における生産実績をセグメントごとに示すと，次のとおりであります。

セグメントの名称	生産高（百万円）	前期比(%)
エンタテインメントコンテンツ事業	218,802	+15.8
遊技機事業	102,037	+47.4
リゾート事業	—	—
合計	320,839	+24.2

（注） 金額は販売価格で表示しております。

b) 受注状況

当グループでは一部の製品について受注生産を行っておりますが，金額的重要性が低く，また受注状況の記載は営業の状況に関する実態を表さないため，省略しております。

なお，エンタテインメントコンテンツ事業におけるアミューズメント機器については，生産に要する期間が比較的長期に亘るため，見込み生産を行っております。また，遊技機事業については，生産に要する時間が短時間であるため，基本的に受注動向を見ながら生産を行っておりますが，製品のライフサイクルが短いため販売期間が非常に短く，発売の初期段階に出荷が集中することから，販売政策上，初期受注に対しては見込み生産を行っており，かつ，その数量は通常販売数量の大半を占めております。

c) 販売実績

当連結会計年度における販売実績をセグメントごとに示すと，次のとおりであります。

セグメントの名称	販売高(百万円)	前期比(%)
エンタテインメントコンテンツ事業	282,881	+19.9
遊技機事業	94,253	+24.2
リゾート事業	11,540	+33.2
合計	388,675	+21.3

(注) セグメント間取引については，相殺消去しております。

(2) 経営者の視点による経営成績等の状況に関する分析・検討内容 …………

　経営者の視点による当グループの経営成績等の状況に関する認識及び分析・検討内容は以下のとおりであります。なお，文中の将来に関する事項は，当連結会計年度末において判断したものであります。

① 経営成績の分析

　当連結会計年度におきましては，エンタテインメントコンテンツ事業におけるコンシューマ分野において，フルゲームの新作タイトルやF2Pの既存タイトルが好調に推移したことやアミューズメント機器事業においてプライズカテゴリーが好調に推移したことに加え，遊技機事業において，パチスロ機の6.5号機の販売が好調に推移したことなどにより，前期比で増収増益となりました。なお，当グループにおいて重要な経営指標と位置付けている経常利益は49,473百万円，ROEは14.7%となりました。

（単位：百万円）	前連結会計年度	当連結会計年度	
	実績	計画	実績
売上高	320,949	375,000	389,635
営業利益	32,042	40,000	46,789
経常利益	33,344	40,000	49,473
（経常利益率）	10.4%	10.7%	12.7%
親会社株主に帰属する当期純利益	37,027	28,000	45,938
ROE	12.7%	－	14.7%

　エンタテインメントコンテンツ事業では，コンシューマ分野のフルゲームについては『ソニックフロンティア』や『ペルソナ5 ザ・ロイヤル』などの新作タイトルが好調に推移したことや，F2Pについては既存タイトルである『プロジェクトセカイカラフルステージ！ feat.初音ミク』の好調などにより，前期比で増収，増

益となりました。アミューズメント機器分野においては，プライズカテゴリーが好調に推移したことにより前期比で増収，増益となりました。映像・玩具分野におきましては，映像制作収入や配信プラットフォームへの映像作品提供に伴う配分収入等が業績向上に寄与し，また，玩具分野におきましても新製品等が堅調に推移したことにより，前期比で増収，増益となりました。

エンタテインメントコンテンツ事業

(億円)	2022/3期 通期実績	2023/3期 通期実績	前期比
売上高	**2,359**	**2,828**	**469**
コンシューマ	1,583	1,879	296
AM機器	497	649	152
映像・玩具	256	293	36
その他/消去等	23	7	△15
営業利益	**339**	**387**	**47**
コンシューマ	293	328	34
AM機器	25	29	3
映像・玩具	30	45	14
その他/消去等	△9	△15	△4
営業外収益	33	28	△5
営業外費用	5	4	△0
経常利益	**368**	**411**	**43**
経常利益率	15.6%	14.5%	△1.1%

<u>2023/3期 実績</u>

➢ 前期比で増収増益
- フルゲームの一部新作、F2P*が好調に推移（CS*）
- プライズカテゴリーの売上が好調に推移（AM*）

* F2P＝Free-to-play．CS＝コンシューマ分野，AM＝AM機器分野

遊技機事業におきましては，パチスロ機において『パチスロ甲鉄城のカバネリ』などの6.5号機の販売が好調に推移したことや，パチンコ機において，主力シリーズ機『Ｐ真・北斗無双第4章』等の販売をしたことから，前期比で増収増益となりました。

遊技機事業

(億円)	2022/3期 通期実績	2023/3期 通期実績	前期比
売上高	**758**	**942**	**183**
パチスロ	306	410	104
パチンコ	371	442	70
その他/消去等	81	90	9
営業利益	**93**	**200**	**107**
営業外収益	10	8	△1
営業外費用	1	2	0
経常利益	**102**	**207**	**104**
経常利益率	13.5%	22.0%	8.4%
パチスロ			
タイトル数	10タイトル	8タイトル	
販売台数(台)	77,870	94,966	17,096
パチンコ			
タイトル数	5タイトル	5タイトル	
販売台数(台)	97,027	103,556	6,529
うち本体販売	56,728	52,152	△4,576
うち盤面販売	40,299	51,404	11,105

※新シリーズを1タイトルとしてカウント
（前期以前に導入開始したタイトル・スペック替え等は含まない）

<u>2023/3期 実績</u>

➢ 前期比で大幅増収増益を達成
- 特にパチスロ機（6.5号機）の販売が好調に推移
- 2024/3期発売タイトルの一部先行納品分を計上
- 主な販売タイトル：
  『パチスロ甲鉄城のカバネリ』
  『Ｐ真・北斗無双 第4章』等

リゾート事業におきましては，国内・海外ともに新型コロナウイルス感染症拡大に伴う行動制限が緩和されたことにより，業績が回復しました。また，『フェニックス・シーガイア・リゾート』において，政府や独自の観光需要喚起策が寄与したことや，個人客を中心に各種施策や CRM強化に取り組んだことにより，前期比で増収，損失幅縮小となりました。

リゾート事業

(億円)	2022/3期 通期実績	2023/3期 通期実績	前期比
売上高	86	115	28
営業利益	△25	△11	14
営業外収益	0	1	0
営業外費用	41	21	△20
経常利益	△67	△32	35
経常利益率	-	-	-
<フェニックスリゾート>			
施設利用者人数（千人）	760	946	186
宿泊3施設	308	394	86
ゴルフ2施設	94	103	9
その他施設	358	449	91

2023/3期 実績

➤ 個人客中心に好調に推移し、業績回復が進む
- フェニックスリゾート：政府や独自の観光需要喚起策により個人客が好調に推移し、当社グループとなって以来、最高の売上高と初の黒字化を達成
- パラダイスセガサミー：渡航制限緩和に伴い、カジノ売上は日本人VIP客中心に急速な回復が進む

※パラダイスセガサミーは12月決算のため当社へは3カ月遅れで計上

② **キャッシュ・フローの状況の分析・検討内容並びに資本の財源及び資金の流動性に係る情報**

a) キャッシュ・フローの状況

当連結会計年度におけるキャッシュ・フローの状況につきましては，「第2 事業の状況 4経営者による財政状態，経営成績及びキャッシュ・フローの状況の分析（1）経営成績等の状況の概要③キャッシュ・フローの状況」に記載のとおりです。

b) 財務戦略の基本スタンス

当グループは，中期事業戦略とその先の持続的企業価値拡大を支えるため，中期的な視座で財務戦略を計画し遂行しております。

具体的には，ボラティリティのある事業特性を踏まえ，強固な財務基盤を維持するために財務規律を注視し，安定的なキャッシュポジションの維持を目標としております。

資金効率を高めるため，グループの資金調達・運用の一元管理を行うととも

に，国内だけではなく海外での CMS（キャッシュ・マネジメント・システム）も一部開始しております。

　また，創出したキャッシュは，成長分野への投資を見据えた財務基盤の更なる強化及び安定的な株主還元に振り向ける方針であります。

c）　資金調達

　当グループは，事業活動の維持・拡大に必要な資金を安定的に確保するため，グループ内資金の有効活用及び外部調達を行っております。

　グループ内資金の有効活用については，CMSによるグループ内での資金融通を積極的に実施することで，資金効率化を図っております。

　外部からの資金調達については，コンシューマ分野及びゲーミング領域への成長投資等を見据え，資本効率向上と資本コスト低減を意識しながら活用を検討してまいります。

　資金調達を検討するにあたり，その時々の市場環境を踏まえ当社にとって最適な調達を選択出来るように調達手段の多様化を図るとともに，安定した調達能力の確保に向けて（株）格付投資情報センターから A-（安定的）の格付を取得しており，今後も格付の維持・向上を意識した財務運営を行ってまいります。間接金融においては，当社はメインバンクをはじめとする取引金融機関と良好な関係を維持し，安定的な資金調達を行っております。資金調達に際しては，各年度別の返済額の平準化や期日分散を考慮することによりリファイナンスリスクを低減しております。

　なお，当社は社債発行登録枠50,000百万円（残額40,000百万円）及びコマーシャルペーパー発行枠30,000百万円の直接金融による調達手段も有しており，より安定的な長期運転資金確保の目的から，2019年9月に期間10年の公募普通社債を発行しております。

　また，当連結会計年度末においては，月商の約6ヵ月分に相当する179,509百万円の現金及び預金に加え，今後の成長投資資金確保を見据え，当社単体におけるコミットメントラインを35,000百万円，当座貸越枠を20,000百万円増額し，総額で288,000百万円の借入枠を有しております。

　今後も引き続き，財務基盤の強化等を意識した財務運営を進めてまいります。

（3） 重要な会計上の見積り及び当該見積りに用いた仮定 ·······················

当社の連結財務諸表及び財務諸表は，我が国において一般に公正妥当と認められる会計原則に基づき作成されております。

連結財務諸表及び財務諸表の作成にあたっては，連結貸借対照表及び貸借対照表上の資産，負債の計上額，並びに連結損益計算書及び損益計算書上の収益，費用の計上額に影響を与える会計上の見積りを行う必要があります。

当該見積りは，過去の経験やその時点の状況として適切と考えられる様々な仮定に基づいて行っておりますが，事業環境等に変化が見られた場合には，見積りと将来の実績が異なることもあります。

連結財務諸表及び財務諸表の作成にあたって用いた会計上の見積り及び仮定のうち，重要なものは「第5経理の状況1連結財務諸表等（1）連結財務諸表注記事項（重要な会計上の見積り）」及び「第5経理の状況2財務諸表等（1）財務諸表注記事項（重要な会計上の見積り）」に記載のとおりでありますが，当社の財政状態又は経営成績に対して重大な影響を与え得る会計上の見積りに関する補足情報は以下のとおりであります。

① エンタテインメントコンテンツ事業の棚卸資産等，及び遊技機事業の原材料の評価について

エンタテインメントコンテンツ事業のゲームコンテンツ等の制作により計上された仕掛品及びソフトウエア等は，その販売見込数量やサービス見込期間を考慮し費用計上を実施しており，販売の状況によっては想定よりも早期の費用計上が発生することがあります。

また，遊技機事業では，製品を構成する原材料の調達に期間を要するもの（長納期部材）があることから部材の共通化を進めている一方で，販売の状況によっては一部の専用部材などで原材料の廃棄が発生することが想定されます。

そのため，これらの棚卸資産やソフトウエア等については，翌連結会計年度以降の販売の見通しをもとに当連結会計年度末の資産性評価を実施しておりますが，同業他社の新製品等の販売時期等のほか，ヒットビジネスであることによる販売の多寡等により，見積りと実績が乖離する不確実性が存在するため，その精度が会計上の見積りに大きく影響します。

---

② リゾート事業における関連会社への投資の評価について

　当社は，韓国仁川において IR施設『パラダイスシティ』を運営する，持分法適用関連会社 PARADISE SEGASAMMY Co.,Ltd. に対する投資額を投資有価証券（関係会社株式）に計上しております。

　同社が営む施設事業は，その事業の性質上変動費の割合が低いことにより収益の状況が業績に大きく影響する中，特に大雨・台風などの天候のほか，世界情勢の変動等により事業の不確実性が存在すると認識しております。

　同社への投資の評価については，経営者の最善の見積りによる将来キャッシュ・フローを基に評価しておりますが，前述の事業の特性から見積りと実績が乖離する不確実性が存在するため，その精度が会計上の見積りに大きく影響します。

設備の状況

1 設備投資等の概要

　当グループは，当連結会計年度において，11,896百万円の設備投資を実施いたしました。主な内訳としましては，エンタテインメントコンテンツ事業における設備投資5,986百万円，遊技機事業における設備投資4,266百万円，リゾート事業における設備投資1,258百万円，全社における設備投資384百万円であります。なお，当該設備投資額には有形固定資産（使用権資産を除く）のほか，無形固定資産への投資を含めて記載しております。

2 主要な設備の状況

(1) 提出会社

2023年3月31日現在

事業所名 (所在地)	セグメントの名称	設備の内容	帳簿価額(百万円)				従業員数 (名)
			建物及び構築物	土地 (面積㎡)	その他	合計	
本社 (東京都品川区)	全社，リゾート事業	事務所設備等	2,313	—	2,023	4,337	399
セガサミー野球場 (東京都八王子市)	全社	野球場、屋内練習場、クラブハウス等	856	1,146 (42,071.89)	10	2,013	—
伊豆研修所 (静岡県伊東市)	全社	研修施設	763	316 (16,422.00)	12	1,093	—

(注) 1　帳簿価額のうち「その他」は，機械装置及び運搬具，工具，器具及び備品等であります。

　　 2　上記の「本社」は，連結会社外からの賃借物件であります。

（2） 国内子会社 ・・・

2023年3月31日現在

会社名	事業所名 （所在地）	セグメント の名称	設備の 内容	帳簿価額（百万円）				従業員数 （名）
				建物 及び 構築物	土地 （面積㎡）	その他	合計	
㈱セガ	本社 （東京都 品川区）	エンタテイン メントコンテ ンツ事業	事務所 設備	2,118	―	166	2,285	2,401
サミー㈱	本社 （東京都 品川区）	遊技機事業	事務所 設備	669		461	1,131	493
サミー㈱	埼玉工場 （埼玉県 川越市）	遊技機事業	生産設備	1,384	1,683 (16,862.11)	134	3,202	―
サミー㈱	川越工場 （埼玉県 川越市）	遊技機事業	生産設備	3,515	3,017 (22,615.63)	667	7,201	111
サミー㈱	サミーロジ スティクス センター （埼玉県 川越市）	遊技機事業	流通 センター	1,611	2,080 (16,875.37)	6	3,698	―
㈱トムス・ エンタテイ ンメント	本社 （東京都 中野区）	エンタテイン メントコンテ ンツ事業	事務所設 備及び制 作スタジ オ	1,548	1,563 (1,730.28)	―	3,111	232
フェニック スリゾート ㈱	複合型リゾ ート施設 （宮崎県 宮崎市）	リゾート事業	複合型 リゾート 施設	4,923	4,669 (2,536,100.97)	573	10,166	638

（注）1　帳簿価額のうち「その他」は，機械装置及び運搬具，アミューズメント施設機器，工具，器具及び
備品等であります。
　　　2　上記金額にはリース資産が含まれております。
　　　3　上記のうち（株）セガの「本社」及びサミー（株）の「本社」は，連結会社外からの賃借物件であり
ます。

（3） 在外子会社 ・・

該当事項はありません。

3　設備の新設，除却等の計画

（1） 重要な設備の新設 ・・・

等該当事項はありません。

（2） 重要な設備の除却等 ・・・

該当事項はありません。

■ 提出会社の状況

1 株式等の状況

（1） 株式の総数等 ・・

① 株式の総数

種類	発行可能株式総数（株）
普通株式	800,000,000
計	800,000,000

② 発行済株式

種類	事業年度末現在 発行数（株） （2023年3月31日）	提出日現在 発行数（株） （2023年6月23日）	上場金融商品取引所名又は 登録認可金融商品取引業協会名	内容
普通株式	241,229,476	241,229,476	東京証券取引所 プライム市場	単元株式数は100株 であります。
計	241,229,476	241,229,476	－	－

（注）1　提出日現在の発行数には，2023年6月1日以降提出日までの新株予約権の行使により発行された株
　　　　式数は含まれておりません。

■ 経理の状況

1 連結財務諸表及び財務諸表の作成方法について ·················

（1） 当社の連結財務諸表は，「連結財務諸表の用語，様式及び作成方法に関する規則」（昭和51年大蔵省令第28号）に基づいて作成しております。

（2） 当社の財務諸表は，「財務諸表等の用語，様式及び作成方法に関する規則」（昭和38年大蔵省令第59号。以下「財務諸表等規則」という。）に基づいて作成しております。

また，当社は，特例財務諸表提出会社に該当し，財務諸表等規則第127条の規定により財務諸表を作成しております。

2 監査証明について ·····························

当社は，金融商品取引法第193条の2第1項の規定に基づき，連結会計年度（2022年4月1日から2023年3月31日まで）の連結財務諸表及び事業年度（2022年4月1日から2023年3月31日まで）の財務諸表について，有限責任あずさ監査法人により監査を受けております。

3 連結財務諸表等の適正性を確保するための特段の取組みについて ··········

当社は，連結財務諸表等の適正性を確保するための特段の取組みを行っております。具体的には，公益財団法人財務会計基準機構へ加入し，また，経理部門にて会計基準等の動向を解説した機関誌を定期購読するなど，会計基準等の内容を的確に把握することができる体制を整備しております。

（1） 連結財務諸表 ···

① 連結貸借対照表

（単位：百万円）

	前連結会計年度 （2022年3月31日）		当連結会計年度 （2023年3月31日）	
資産の部				
流動資産				
現金及び預金		152,459		179,509
受取手形、売掛金及び契約資産	※1	38,952	※1	53,370
商品及び製品		9,336		18,503
仕掛品		42,145		50,689
原材料及び貯蔵品		16,044		20,269
未収還付法人税等		11,814		15,620
その他		17,360		16,205
貸倒引当金		△323		△304
流動資産合計		287,789		353,862
固定資産				
有形固定資産				
建物及び構築物		76,578		77,630
減価償却累計額		△47,823		△49,664
建物及び構築物（純額）		28,755		27,966
機械装置及び運搬具		8,836		8,505
減価償却累計額		△7,518		△7,190
機械装置及び運搬具（純額）		1,318		1,314
アミューズメント施設機器		7,049		7,232
減価償却累計額		△6,347		△6,632
アミューズメント施設機器（純額）		701		599
土地	※4	18,522	※4	18,581
建設仮勘定		657		534
その他		46,755		49,343
減価償却累計額		△36,352		△37,857
その他（純額）		10,403		11,485
有形固定資産合計		60,358		60,482
無形固定資産				
のれん		3,460		2,592
その他		9,722		10,654
無形固定資産合計		13,183		13,247
投資その他の資産				
投資有価証券	※2,※3	40,699	※2,※3	39,538
長期貸付金		428		247
敷金及び保証金		7,164		6,924
退職給付に係る資産		2,984		5,362
繰延税金資産		13,446		16,499
その他		9,826		5,785
貸倒引当金		△387		△383
投資その他の資産合計		74,161		73,973
固定資産合計		147,703		147,703
資産合計		435,492		501,566

	前連結会計年度 （2022年3月31日）	当連結会計年度 （2023年3月31日）
負債の部		
流動負債		
支払手形及び買掛金	24,455	30,556
短期借入金	10,000	17,000
未払費用	20,360	19,865
未払法人税等	2,069	4,776
契約負債	10,257	25,852
賞与引当金	8,383	9,689
役員賞与引当金	1,189	1,187
ポイント引当金	115	187
資産除去債務	199	－
その他	9,954	11,216
流動負債合計	86,986	120,332
固定負債		
社債	10,000	10,000
長期借入金	32,000	25,000
リース債務	4,013	5,352
退職給付に係る負債	4,395	3,877
繰延税金負債	469	754
資産除去債務	2,560	2,607
解体費用引当金	420	420
その他	2,009	1,874
固定負債合計	55,869	49,886
負債合計	142,855	170,218
純資産の部		
株主資本		
資本金	29,953	29,953
資本剰余金	117,689	72,213
利益剰余金	224,684	261,840
自己株式	△77,886	△37,251
株主資本合計	294,440	326,755
その他の包括利益累計額		
その他有価証券評価差額金	2,270	2,626
繰延ヘッジ損益	△33	382
土地再評価差額金	※4　△1,109	※4　△1,109
為替換算調整勘定	41	3,730
退職給付に係る調整累計額	△3,199	△1,531
その他の包括利益累計額合計	△2,028	4,099
新株予約権	176	468
非支配株主持分	49	24
純資産合計	292,637	331,347
負債純資産合計	435,492	501,566

② 連結損益計算書及び連結包括利益計算書

(単位：百万円)

	前連結会計年度 (自 2021年4月1日 至 2022年3月31日)		当連結会計年度 (自 2022年4月1日 至 2023年3月31日)	
売上高	※1	320,949	※1	389,635
売上原価	※2, ※3	193,081	※2, ※3	231,568
売上総利益		127,868		158,067
販売費及び一般管理費				
広告宣伝費		17,402		24,136
販売手数料		707		187
給料及び手当		15,821		17,881
賞与引当金繰入額		3,882		4,593
役員賞与引当金繰入額		1,161		1,134
退職給付費用		1,127		1,242
研究開発費	※3	20,941	※3	23,047
貸倒引当金繰入額		4		6
その他		34,778		39,047
販売費及び一般管理費合計		95,825		111,278
営業利益		32,042		46,789
営業外収益				
受取利息		112		433
受取配当金		498		516
投資事業組合運用益		3,052		1,929
為替差益		1,337		1,354
その他		906		734
営業外収益合計		5,907		4,968
営業外費用				
支払利息		301		321
持分法による投資損失		2,778		520
支払手数料		102		146
投資事業組合運用損		479		563
固定資産除却損		469		285
その他		474		446
営業外費用合計		4,606		2,284
経常利益		33,344		49,473

	前連結会計年度 （自 2021年4月1日 至 2022年3月31日）	当連結会計年度 （自 2022年4月1日 至 2023年3月31日）
特別利益		
固定資産売却益	※4　1,988	※4　3
投資有価証券売却益	2,516	—
関係会社株式売却益	698	—
その他	71	—
特別利益合計	5,273	3
特別損失		
固定資産売却損	※5　50	※5　0
減損損失	※6　430	※6　446
投資有価証券評価損	0	81
新型コロナウイルス感染症による損失	113	—
事業再編損	—	※7　1,783
その他	101	96
特別損失合計	696	2,408
税金等調整前当期純利益	37,921	47,069
法人税、住民税及び事業税	1,989	4,137
法人税等調整額	△1,086	△3,000
法人税等合計	903	1,136
当期純利益	37,018	45,932
（内訳）		
親会社株主に帰属する当期純利益	37,027	45,938
非支配株主に帰属する当期純損失（△）	△8	△6
その他の包括利益		
その他有価証券評価差額金	334	345
繰延ヘッジ損益	△14	—
為替換算調整勘定	3,526	2,873
退職給付に係る調整額	△2,844	1,677
持分法適用会社に対する持分相当額	1,203	1,227
その他の包括利益合計	※8　2,206	※8　6,124
包括利益	39,224	52,057
（内訳）		
親会社株主に係る包括利益	39,230	52,066
非支配株主に係る包括利益	△5	△9

③ 連結株主資本等変動計算書

前連結会計年度（自　2021年4月1日　至　2022年3月31日）

（単位：百万円）

	株主資本					その他の包括利益累計額	
	資本金	資本剰余金	利益剰余金	自己株式	株主資本合計	その他有価証券評価差額金	繰延ヘッジ損益
当期首残高	29,953	118,048	200,551	△53,561	294,991	1,930	△725
会計方針の変更による累積的影響額			△2,067		△2,067		
会計方針の変更を反映した当期首残高	29,953	118,048	198,484	△53,561	292,924	1,930	△725
当期変動額							
剰余金の配当			△9,411		△9,411		
親会社株主に帰属する当期純利益			37,027		37,027		
連結子会社の決算期変更に伴う増減					－		
自己株式の取得				△25,036	△25,036		
自己株式の処分		△90		711	621		
自己株式の消却					－		
連結範囲の変動			△1,317		△1,317		
持分法の適用範囲の変動		△186	△97		△284		
非支配株主との取引に係る親会社の持分変動		△82			△82		
株主資本以外の項目の当期変動額（純額）						340	692
当期変動額合計	－	△358	26,200	△24,325	1,515	340	692
当期末残高	29,953	117,689	224,684	△77,886	294,440	2,270	△33

	その他の包括利益累計額				新株予約権	非支配株主持分	純資産合計
	土地再評価差額金	為替換算調整勘定	退職給付に係る調整累計額	その他の包括利益累計額合計			
当期首残高	△1,109	△3,867	△459	△4,231	－	496	291,256
会計方針の変更による累積的影響額				－			△2,067
会計方針の変更を反映した当期首残高	△1,109	△3,867	△459	△4,231		496	289,189
当期変動額							
剰余金の配当							△9,411
親会社株主に帰属する当期純利益							37,027
連結子会社の決算期変更に伴う増減							－
自己株式の取得							△25,036
自己株式の処分							621
自己株式の消却							－
連結範囲の変動							△1,317
持分法の適用範囲の変動							△284
非支配株主との取引に係る親会社の持分変動							△82
株主資本以外の項目の当期変動額（純額）		3,909	△2,739	2,203	176	△447	1,932
当期変動額合計	－	3,909	△2,739	2,203	176	△447	3,448
当期末残高	△1,109	41	△3,199	△2,028	176	49	292,637

当連結会計年度（自　2022年4月1日　至　2023年3月31日）

（単位：百万円）

	株主資本					その他の包括利益累計額	
	資本金	資本剰余金	利益剰余金	自己株式	株主資本合計	その他有価証券評価差額金	繰延ヘッジ損益
当期首残高	29,953	117,689	224,684	△77,886	294,440	2,270	△33
会計方針の変更による累積的影響額					−		
会計方針の変更を反映した当期首残高	29,953	117,689	224,684	△77,886	294,440	2,270	△33
当期変動額							
剰余金の配当			△8,873		△8,873		
親会社株主に帰属する当期純利益			45,938		45,938		
連結子会社の決算期変更に伴う増減			90		90		
自己株式の取得				△4,987	△4,987		
自己株式の処分		31		142	174		
自己株式の消却		△45,480		45,480	−		
連結範囲の変動					−		
持分法の適用範囲の変動					−		
非支配株主との取引に係る親会社の持分変動		△27			△27		
株主資本以外の項目の当期変動額（純額）						356	415
当期変動額合計	−	△45,475	37,155	40,635	32,315	356	415
当期末残高	29,953	72,213	261,840	△37,251	326,755	2,626	382

	その他の包括利益累計額				新株予約権	非支配株主持分	純資産合計
	土地再評価差額金	為替換算調整勘定	退職給付に係る調整累計額	その他の包括利益累計額合計			
当期首残高	△1,109	41	△3,199	△2,028	176	49	292,637
会計方針の変更による累積的影響額							
会計方針の変更を反映した当期首残高	△1,109	41	△3,199	△2,028	176	49	292,637
当期変動額							
剰余金の配当							△8,873
親会社株主に帰属する当期純利益							45,938
連結子会社の決算期変更に伴う増減							90
自己株式の取得							△4,987
自己株式の処分							174
自己株式の消却							−
連結範囲の変動							−
持分法の適用範囲の変動							−
非支配株主との取引に係る親会社の持分変動							△27
株主資本以外の項目の当期変動額（純額）		3,688	1,667	6,128	292	△25	6,395
当期変動額合計	−	3,688	1,667	6,128	292	△25	38,710
当期末残高	△1,109	3,730	△1,531	4,099	468	24	331,347

④ 連結キャッシュ・フロー計算書

（単位：百万円）

	前連結会計年度 （自 2021年4月1日 至 2022年3月31日）	当連結会計年度 （自 2022年4月1日 至 2023年3月31日）
営業活動によるキャッシュ・フロー		
税金等調整前当期純利益	37,921	47,069
減価償却費	11,406	10,669
減損損失	430	446
固定資産売却損益（△は益）	△1,937	△4
固定資産除却損	469	285
投資有価証券売却損益（△は益）	△2,489	－
投資有価証券評価損益（△は益）	0	81
投資事業組合運用損益（△は益）	△2,573	△1,365
のれん償却額	2,311	2,178
貸倒引当金の増減額（△は減少）	△25	△41
役員賞与引当金の増減額（△は減少）	437	△15
退職給付に係る負債の増減額（△は減少）	96	△170
賞与引当金の増減額（△は減少）	△116	1,223
受取利息及び受取配当金	△610	△950
支払利息	301	321
為替差損益（△は益）	△1,112	1,152
持分法による投資損益（△は益）	2,778	520
売上債権の増減額（△は増加）	338	△13,493
棚卸資産の増減額（△は増加）	△15,354	△22,481
仕入債務の増減額（△は減少）	6,495	5,908
契約負債の増減額（△は減少）	10,201	15,545
預り保証金の増減額（△は減少）	△1,589	△76
その他	△4,240	1,806
小計	43,138	48,611
利息及び配当金の受取額	664	987
利息の支払額	△300	△291
特別退職金の支払額	△2,236	－
法人税等の支払額	△5,078	△6,743
法人税等の還付額	3,419	2,140
営業活動によるキャッシュ・フロー	39,607	44,704

	前連結会計年度 （自 2021年4月1日 至 2022年3月31日）	当連結会計年度 （自 2022年4月1日 至 2023年3月31日）
投資活動によるキャッシュ・フロー		
定期預金の預入による支出	△5,000	－
定期預金の払戻による収入	5,000	－
有価証券の取得による支出	△20,000	－
有価証券の償還による収入	20,717	－
信託受益権の取得による支出	△1,309	－
信託受益権の売却による収入	1,167	382
有形固定資産の取得による支出	△5,983	△4,944
有形固定資産の売却による収入	2,141	7
無形固定資産の取得による支出	△4,569	△5,875
無形固定資産の売却による収入	0	－
投資有価証券の取得による支出	△196	△669
投資有価証券の売却による収入	2,565	1
投資事業組合への出資による支出	△821	△1,226
投資事業組合からの分配による収入	2,596	3,510
連結の範囲の変更を伴う子会社株式の取得による支出	－	△448
連結の範囲の変更を伴う子会社株式の取得による収入	－	31
連結の範囲の変更を伴う子会社株式の売却による収入	212	－
関係会社株式の取得による支出	△4,903	△155
貸付けによる支出	△769	△1,907
貸付金の回収による収入	2,381	2,586
金銭の信託の払戻による収入	－	1,200
敷金の差入による支出	△238	△26
敷金の回収による収入	514	767
その他	△2,300	4,413
投資活動によるキャッシュ・フロー	△8,794	△2,351
財務活動によるキャッシュ・フロー		
長期借入れによる収入	－	10,000
長期借入金の返済による支出	－	△10,191
自己株式の取得による支出	△25,036	△4,987
子会社の自己株式の取得による支出	△98	－
連結の範囲の変更を伴わない子会社株式の取得による支出	－	△50
配当金の支払額	△9,410	△8,865
非支配株主への配当金の支払額	△93	－
その他	△1,331	△1,263
財務活動によるキャッシュ・フロー	△35,970	△15,358
現金及び現金同等物に係る換算差額	3,029	162
現金及び現金同等物の増減額（△は減少）	△2,128	27,156
現金及び現金同等物の期首残高	154,540	152,459
新規連結に伴う現金及び現金同等物の増加額	47	－
連結子会社の決算期変更に伴う現金及び現金同等物の増減額（△は減少）	－	△107
現金及び現金同等物の期末残高	※1 152,459	※1 179,509

【注記事項】

（連結財務諸表作成のための基本となる重要な事項）

1 連結の範囲に関する事項

（1） 連結子会社の数　61社

主な連結子会社：

株式会社セガ，サミー株式会社，株式会社アトラス，Sega of America, Inc.，Sega Europe Ltd.，Sega Publishing Europe Ltd.，株式会社セガ・ロジスティクスサービス，株式会社ダーツライブ，株式会社セガトイズ，株式会社トムス・エンタテインメント，マーザ・アニメーションプラネット株式会社，株式会社ロデオ，タイヨーエレック株式会社，株式会社サミーネットワークス，セガサミークリエイション株式会社，フェニックスリゾート株式会社

その他　45社

（2） 非連結子会社の数11社

主な非連結子会社：

SEGA（SHANGHAI）SOFTWARE CO., LTD.他

非連結子会社につきましては総資産，売上高，当期純損益のうち持分に見合う額及び利益剰余金等のうち持分に見合う額のそれぞれの合計額が，いずれも連結財務諸表に重要な影響を及ぼしていないため，連結の範囲から除外しております。

2 持分法の適用に関する事項

（1） 持分法を適用した非連結子会社の数　一社

（2） 持分法を適用した関連会社の数　8社

主な持分法適用関連会社：

株式会社ジーグ，PARADISE SEGASAMMY Co., Ltd.

その他　6社

（3）　持分法を適用しない非連結子会社及び関連会社の数　13社 ‥‥‥‥‥‥‥

　主な持分法を適用しない非連結子会社及び関連会社：株式会社キャラウェブ他
　　持分法を適用しない非連結子会社及び関連会社につきましては，当期純損益
のうち持分に見合う額及び利益剰余金等のうち持分に見合う額のそれぞれの合
計額が，持分法の対象から除いても連結財務諸表に及ぼす影響が軽微であり，
かつ，全体としても重要性がないため，持分法を適用しておりません。

3　連結子会社の事業年度等に関する事項 ‥‥‥‥‥‥‥‥‥‥‥‥‥‥‥‥‥‥

連結子会社の決算日が連結決算日と異なる会社は下記のとおりであります。
Sega Black Sea Ltd. は 12 月末日であります。

　なお，連結決算日との間に生じた重要な取引については，連結上必要な調整
を行っております。

　また，当連結会計年度において，連結子会社のうち決算日が 12 月 31 日で
ありました Sega Taiwan Ltd. は，連結財務諸表のより適正な開示を図るため，
決算日を 3 月 31 日に変更しております。決算期変更に伴う 2022 年 1 月 1 日か
ら 2022 年 3 月 31 日までの 3 ヶ月間の損益は，利益剰余金の増減として調整し
ております。

4　会計方針に関する事項 ‥‥‥‥‥‥‥‥‥‥‥‥‥‥‥‥‥‥‥‥‥‥‥‥‥

（1）　重要な資産の評価基準及び評価方法 ‥‥‥‥‥‥‥‥‥‥‥‥‥‥‥‥‥

①　満期保有目的の債券

償却原価法（定額法）

②　その他有価証券

市場価格のない株式等以外のもの

　時価法（評価差額は，全部純資産直入法により処理し，売却原価は移動平均
法により算定）

　なお，組込デリバティブを区分して測定することができない複合金融商品は，
複合金融商品全体を時価評価し，評価差額を当連結会計年度の損益に計上し
ております。

市場価格のない株式等

　移動平均法による原価法

　　なお，投資事業有限責任組合及びこれに類する組合への出資（金融商品取引法第2条第2項により有価証券とみなされるもの）については，組合契約に規定される決算報告日に応じて入手可能な決算書を基礎として持分相当額を純額で取り込む方法によっております。

③　**デリバティブ**

　時価法

④　**棚卸資産**

　主として総平均法による原価法（収益性の低下による簿価切下げの方法）

　　なお，仕掛品は個別法による原価法（収益性の低下による簿価切下げの方法）を採用しております。

(2)　重要な減価償却資産の減価償却の方法 ·······························

①　**有形固定資産（リース資産，使用権資産を除く）**

　主として定額法

　なお，主な耐用年数は次のとおりであります。

　建物及び構築物　　　　　　　2〜50年

　機械装置及び運搬具　　　　　2〜12年

　アミューズメント施設機器　　2〜5年

②　**無形固定資産（リース資産除く）**

　定額法なお，自社利用のソフトウエアについては社内における利用可能期間（5年以内）に基づく定額法によっております。

③　**リース資産**

　所有権移転ファイナンス・リース取引に係るリース資産

　　自己所有の固定資産に適用する減価償却方法と同一の方法を採用しております。

　所有権移転外ファイナンス・リース取引に係るリース資産

　　リース期間を耐用年数とし，残存価額を零とした定額法によっております。

④　使用権資産

　リース期間又は当該資産の耐用年数のうち，いずれか短い方の期間を耐用年数として，残存価額を零として算定する方法を採用しております。

（3）　重要な繰延資産の処理方法 ･･･

社債発行費

　支出時に全額費用処理しております。

（4）　重要な引当金の計上基準 ･･

① 　貸倒引当金

　期末債権の貸倒れによる損失に備えるため，以下の基準によっております。

　一般債権

　　貸倒実績率法によっております。

　貸倒懸念債権及び破産更生債権等

　　個別に債権の回収可能性を考慮した所要額を計上しております。

② 　賞与引当金

　従業員に対する賞与の支給に充てるため，支給見込額を計上しております。

③ 　役員賞与引当金

　役員に対する賞与の支給に充てるため，支給見込額を計上しております。

④ 　ポイント引当金

　顧客に付与したポイントの利用に備えるため，当連結会計年度末における将来利用見込額を計上しております。

⑤ 　解体費用引当金

　老朽化した遊休建物解体に伴う支出に備えるため，将来発生すると見込まれる解体費用を計上しております。

（5）　退職給付に係る会計処理の方法 ･･

① 　退職給付見込額の期間帰属方法

　退職給付債務の算定にあたり，退職給付見込額を当連結会計年度末までの期

間に帰属させる方法については，給付算定式基準によっております。

② **数理計算上の差異及び過去勤務費用の費用処理方法**

　過去勤務費用は，その発生時の従業員の平均残存勤務期間以内の一定の年数（主として10年）による按分額を費用処理又は発生時に一括費用処理することとしております。

　数理計算上の差異は，各連結会計年度の発生時の従業員の平均残存勤務期間以内の一定の年数（主として10年）による按分額をそれぞれ発生の翌連結会計年度から定額法により費用処理又は翌連結会計年度で一括費用処理することとしております。

(6)　重要なヘッジ会計の方法 ···

① **ヘッジ会計の方法**

　繰延ヘッジ処理を採用しております。ただし，特例処理の要件を充たす金利スワップ取引については特例処理を採用しております。

　また，当社及び一部の連結子会社において振当処理が認められる通貨スワップ及び為替予約については振当処理を採用しております。

② **ヘッジ手段とヘッジ対象**

　ヘッジ手段：通貨スワップ，金利スワップ，為替予約

　ヘッジ対象：借入金の金利，外貨建金銭債権債務

③ **ヘッジ方針**

　為替及び金利等の相場変動に伴うリスクの軽減等を目的としてデリバティブ取引を行う方針であります。なお，原則として実需に基づくものを対象に行っており，投機目的のデリバティブ取引は行っておりません。

④ **ヘッジの有効性評価の方法**

　ヘッジ対象の相場変動等の累計とヘッジ手段の相場変動等の累計とを比率分析する方法により有効性の評価を行っております。ただし，通貨スワップについては，ヘッジ手段の想定元本とヘッジ対象に関する重要な条件が同一であり，かつ，相場変動を相殺することができるため，また，金利スワップのうち特例処理を採用しているものについてはヘッジの有効性評価は省略しております。

（7）　重要な収益及び費用の計上基準 ··

　重要な収益の計上基準は，次のとおりであります。なお，それぞれの履行義務に対する対価は，履行義務充足後，概ね２カ月以内に受領しており，重要な金融要素は含んでおりません。

① **デジタルコンテンツ**

　エンタテインメントコンテンツ事業におけるゲームの配信権を供与することによる収益は，主にプラットフォーム事業者にゲームコンテンツを提供し，販売権を供与するものであり，ゲームコンテンツを提供する履行義務を負っております。当グループは，プラットフォーム事業者にゲームコンテンツを提供することで履行義務が充足されるものと判断し，プラットフォーム事業者の売上高に基づく使用料を収受する契約である場合はプラットフォーム事業者の売上高の計上時点で，その他の場合はゲームコンテンツの提供時点で，それぞれ収益を認識しております。

　エンタテインメントコンテンツ事業におけるゲームのダウンロード販売による収益は，顧客にゲームコンテンツを提供する履行義務を負っております。当グループは，顧客にゲームコンテンツを提供することで履行義務が充足されるものと判断し，ゲームコンテンツの提供時点で収益を認識しております。

　エンタテインメントコンテンツ事業及び遊技機事業におけるF2Pのアイテム販売による収益は，顧客にアイテム毎に定められた内容の役務を提供する履行義務を負っております。当グループは，アイテムの性質に応じて顧客のアイテムの使用時点又は類似アイテムの過去実績から算出した見積使用期間にわたり履行義務を充足すると判断し，収益を認識しております。

　エンタテインメントコンテンツ事業におけるアミューズメント機器のコンテンツの年間更新サービスにおいては，契約期間中の継続的なコンテンツのアップデートを提供する履行義務を負っております。そのため，契約期間にわたって履行義務が充足されるものと判断し，契約期間にわたって収益を認識しております。

② **製商品販売**

　エンタテインメントコンテンツ事業及び遊技機事業における製商品販売による収益は，主に製造又は卸売に基づく販売によるものであり，顧客との販売契約等

に基づいて製品又は商品を引き渡す義務を負っております。当グループは製品又は商品を引き渡し，顧客が当該製品又は商品に対する支配を獲得した時点で履行義務が充足されるものと判断し，引き渡し時点で収益を認識しております。なお，一部商品の消化仕入れ販売に係る収益について，顧客への財又はサービスの提供における役割（本人又は代理人）を判断した結果，当グループが代理人として商品の販売に関与している場合には，顧客から受け取る額から仕入先等に支払う額を控除した純額で収益を認識しております。

③　リゾート施設

　リゾート事業におけるリゾート施設の収益は，ホテルやゴルフ場等の運営によるものであり，施設において顧客に宿泊，飲食，ゴルフ場におけるプレー場所の提供等の履行義務を負っております。当グループは，顧客に対する各種サービスの提供完了により履行義務が充足されるものと判断し，サービスの提供完了時点で収益を認識しております。

(8)　のれんの償却方法及び償却期間 ··

　のれんは，その効果の発現する期間を合理的に見積り，当該期間にわたり均等償却しております。

(9)　連結キャッシュ・フロー計算書における資金の範囲 ····························

　連結キャッシュ・フロー計算書における資金（現金及び現金同等物）は，手許預金，要求払預金及び容易に換金可能であり，かつ，価値変動について僅少なリスクしか負わない取得日から3ヶ月以内に償還期限の到来する短期投資からなっております。

(10)　グループ通算制度の適用 ···

　グループ通算制度を適用しております。

（重要な会計上の見積り）

（1）　エンタテインメントコンテンツ事業の棚卸資産等の評価 ·················

①　当連結会計年度の連結財務諸表に計上した金額

	前連結会計年度 （2022年3月31日）	当連結会計年度 （2023年3月31日）
仕掛品	39,098百万円	47,043百万円
無形固定資産「その他」	5,801	6,410

②　当連結会計年度の連結財務諸表計上額の算定方法

　　エンタテインメントコンテンツ事業のゲームコンテンツ等の制作により計上された仕掛品及びソフトウエア等は，取得原価で計上し，その販売見込数量やサービス予定期間にしたがって規則的に費用化を実施しておりますが，将来の回収可能価額が，仕掛品及びソフトウエア等の帳簿価額を下回る場合は，当該差額を売上原価に計上しております。

③　当連結会計年度の連結財務諸表計上額の算出に用いた主要な仮定

　　将来の回収可能価額は，翌連結会計年度以降の販売見通しを基に見積っております。

④　翌連結会計年度の連結財務諸表に与える影響

　　同業他社の新製品等の販売時期等のほか，ヒットビジネスであることによる販売の多寡等により，見積りと実績が乖離した場合，損益に影響を与える可能性があります。

（2）　遊技機事業の原材料の評価 ···

①　当連結会計年度の連結財務諸表に計上した金額

	前連結会計年度 （2022年3月31日）	当連結会計年度 （2023年3月31日）
原材料	10,594百万円	16,136百万円

②　当連結会計年度の連結財務諸表計上額の算定方法

　　原材料は取得原価で計上しておりますが，将来の原材料の使用見込が在庫を下回った場合，余剰分を売上原価に計上しております。

③ **当連結会計年度の連結財務諸表計上額の算出に用いた主要な仮定**

原材料の使用見込は，翌連結会計年度以降の遊技機の販売見込台数を基に見積っております。

④ **翌連結会計年度の連結財務諸表に与える影響**

同業他社の新製品等の販売時期等のほか，ヒットビジネスであることによる販売の多寡等により，見積りと実績が乖離した場合，損益に影響を与える可能性があります。

（3） PARADISE SEGASAMMY Co., Ltd.に係る関係会社株式の評価 ……

① **当連結会計年度の連結財務諸表に計上した金額**

	前連結会計年度 （2022年3月31日）	当連結会計年度 （2023年3月31日）
関係会社株式	18,542百万円	17,867百万円

② **当連結会計年度の連結財務諸表計上額の算定方法**

PARADISE SEGASAMMY Co.,Ltd.（以下「PSS」という。）は，当社の持分法適用関連会社であり，PSSに対する投資は，持分法により会計処理を行っております。

PSSは国際財務報告基準を適用し，資金生成単位に減損の兆候があるときには減損テストを実施しております。また，のれんを含む資金生成単位につきましては，減損の兆候があるときに加え年次で減損テストを実施しております。減損テストの結果，これらの回収可能価額が帳簿価額を下回る場合は，PSSの財務諸表上で帳簿価額を回収可能価額まで減額して減損損失を認識するとともに，持分法の処理を通じて当社の関係会社株式の金額に影響を与えます。

なお，PSSは，のれん7,771百万円を含む固定資産125,811百万円を計上しております。

③ **当連結会計年度の連結財務諸表計上額の算出に用いた主要な仮定**

PSSはのれんを含む資金生成単位及び減損の兆候がある資金生成単位について減損テストを実施しており，回収可能価額は使用価値又は処分コスト控除後の公正価値により算定しております。

使用価値の測定に用いる主要な仮定は，将来キャッシュ・フローの算定の基礎

となる事業計画等及び成長率並びに割引率であります。事業計画等は，渡航制限の緩和による市場の回復を前提としたカジノ利用者数及びドロップ額（テーブルにおけるチップ購入額）により策定されております。事業計画等の対象期間後の成長率は，事業の成長性を考慮した数値を使用しております。また，割引率につきましては加重平均資本コストを基礎として外部情報及び内部情報を用いて事業に係るリスク等を反映するよう算定しております。

処分コスト控除後の公正価値につきましては，主に対象資産の再調達価額及びその減価要素を考慮した外部専門家の不動産鑑定評価（償却後取替原価法）を利用しております。

④　翌連結会計年度の連結財務諸表に与える影響

将来キャッシュ・フローの見積りは，経営者による最善の見積りにより行っておりますが，利用者数の動向等が見積りと乖離した場合，損益に影響を与える可能性があります。

（会計方針の変更）

（1）　時価の算定に関する会計基準の適用指針の適用

「時価の算定に関する会計基準の適用指針」（企業会計基準適用指針第31号 2021年6月17日。以下「時価算定会計基準適用指針」という。）を当連結会計年度の期首から適用し，時価算定会計基準適用指針第27-2項に定める経過的な取扱いに従って，時価算定会計基準適用指針が定める新たな会計方針を将来にわたって適用することとしております。なお，連結財務諸表に与える影響はありません。また，「金融商品関係」注記の金融商品の時価のレベルごとの内訳等に関する事項における投資信託に関する注記事項においては，時価算定会計基準適用指針第27-3項に従って，前連結会計年度に係るものについては記載しておりません。

（2）　リース（米国会計基準Topic842）の適用

米国会計基準を適用している子会社は，当連結会計年度の期首より，米国会計基準 Topic842「リース」を適用しております。これにより，リースの借手は，原則としてすべてのリースを貸借対照表に資産及び負債として計上する

こととしました。米国会計基準 Topic842 の適用については，経過的な取扱い
に従っており，会計方針の変更による累積的影響額を適用開始日に認識する方
法を採用しております。なお，連結財務諸表に与える影響は軽微であります。

（未適用の会計基準等）
　当社及び国内連結子会社
・「法人税，住民税及び事業税等に関する会計基準」（企業会計基準第27号
　2022年10月28日）
・「包括利益の表示に関する会計基準」（企業会計基準第25号 2022年10月28日）
・「税効果会計に係る会計基準の適用指針」（企業会計基準適用指針第28号
　2022年10月28日）
（1）　概要
　　　その他の包括利益に対して課税される場合の法人税等の計上区分及びグルー
　　プ法人税制が適用される場合の子会社株式等の売却に係る税効果の取扱いを定
　　めるもの。
（2）　適用予定日
　　　2025年3月期の期首より適用予定です。
（3）　当該会計基準等の適用による影響
　　　影響額は，当連結財務諸表の作成時において評価中です。

・「電子記録移転有価証券表示権利等の発行及び保有の会計処理及び開示に関す
　る取扱い」（実務対応報告第43号 2022年8月26日）
（1）　概要
　　　株式会社が「金融商品取引業等に関する内閣府令」（平成19年内閣府令第
　　52号。）第1条第4項第17号に規定される「電子記録移転有価証券表示権利等」
　　を発行又は保有する場合の会計処理及び開示に関する取扱いを定めるもの。
（2）　適用予定日
　　　2024年3月期の期首より適用予定です。
（3）　当該会計基準等の適用による影響

影響額は，当連結財務諸表の作成時において評価中です。

（表示方法の変更）

（1）　連結貸借対照表関係

前連結会計年度において，流動負債の「その他」に含めておりました「契約負債」は，負債及び純資産の合計額の100分の5を超えたため，当連結会計年度より区分掲記することとしております。この表示方法の変更を反映させるため，前連結会計年度の連結財務諸表の組替えを行っております。

この結果，前連結会計年度の連結貸借対照表において，流動負債の「その他」に表示していた20,211百万円は，「契約負債」10,257百万円，「その他」9,954百万円として組み替えております。

（2）　連結キャッシュ・フロー計算書関係

前連結会計年度において，営業活動によるキャッシュ・フローの「その他」に含めておりました「契約負債の増減額」は，重要性が増したため，当連結会計年度より区分掲記することとしております。この表示方法の変更を反映させるため，前連結会計年度の連結財務諸表の組替えを行っております。

この結果，前連結会計年度の連結キャッシュ・フロー計算書において営業活動によるキャッシュ・フローの「その他」に表示していた5,960百万円は，「契約負債の増減額」10,201百万円，「その他」△4,240百万円として組み替えております。

2 財務諸表等

（1） 財務諸表 ……………………………………………………………………

① 貸借対照表

（単位：百万円）

	前事業年度 （2022年3月31日）	当事業年度 （2023年3月31日）
資産の部		
流動資産		
現金及び預金	30,167	48,839
売掛金	1,127	1,140
前払費用	1,065	735
関係会社短期貸付金	1,800	12,687
未収入金	2,876	1,783
その他	3,033	1,508
流動資産合計	40,071	66,694
固定資産		
有形固定資産		
建物	4,520	4,137
構築物	589	558
機械及び装置	28	22
車両運搬具	60	60
工具、器具及び備品	2,559	2,231
土地	1,794	1,794
建設仮勘定	1	－
有形固定資産合計	9,554	8,804
無形固定資産		
ソフトウェア	454	665
その他	370	113
無形固定資産合計	824	778
投資その他の資産		
投資有価証券	10,688	11,061
関係会社株式	※2 310,046	※2 309,785
関係会社出資金	948	794
長期貸付金	38	43
関係会社長期貸付金	20,095	16,360
長期前払費用	277	30
その他	5,728	5,753
貸倒引当金	△9,755	△9,951
投資その他の資産合計	338,067	333,877
固定資産合計	348,446	343,460
資産合計	388,517	410,155

	前事業年度 （2022年3月31日）	当事業年度 （2023年3月31日）
負債の部		
流動負債		
1年内返済予定の長期借入金	10,000	17,000
未払金	3,662	1,733
未払費用	824	805
未払法人税等	55	140
預り金	56,440	82,202
賞与引当金	682	979
役員賞与引当金	507	641
資産除去債務	199	—
その他	121	275
流動負債合計	72,494	103,777
固定負債		
社債	10,000	10,000
長期借入金	32,000	25,000
退職給付引当金	540	502
資産除去債務	582	593
長期預り金	12,775	20,000
繰延税金負債	300	510
その他	263	279
固定負債合計	56,462	56,886
負債合計	128,956	160,664
純資産の部		
株主資本		
資本金	29,953	29,953
資本剰余金		
資本準備金	29,945	29,945
その他資本剰余金	162,140	116,540
資本剰余金合計	192,085	146,486
利益剰余金		
その他利益剰余金		
繰越利益剰余金	115,124	109,348
利益剰余金合計	115,124	109,348
自己株式	△78,161	△37,375
株主資本合計	259,001	248,412
評価・換算差額等		
その他有価証券評価差額金	383	610
評価・換算差額等合計	383	610
新株予約権	176	468
純資産合計	259,560	249,491
負債純資産合計	388,517	410,155

② 損益計算書

（単位：百万円）

	前事業年度 （自 2021年4月1日 至 2022年3月31日）	当事業年度 （自 2022年4月1日 至 2023年3月31日）
営業収益		
シェアードサービス料	3,967	4,038
経営指導料	8,354	9,363
受取配当金	9,394	4,451
営業収益合計	21,716	17,853
営業費用		
広告宣伝費	1,406	1,958
役員報酬	681	701
給料及び手当	2,555	2,543
役員賞与引当金繰入額	507	641
賞与引当金繰入額	556	831
退職給付費用	300	234
株式報酬費用	374	686
交際費	150	251
賃借料	958	797
支払手数料	2,416	2,791
減価償却費	669	797
旅費及び交通費	325	221
その他	3,821	4,211
営業費用合計	14,724	16,669
営業利益	6,992	1,184
営業外収益		
受取利息	146	418
有価証券利息	18	15
受取配当金	27	29
固定資産運用収入	12	—
投資事業組合運用益	2,435	1,510
為替差益	233	805
その他	241	316
営業外収益合計	3,115	3,096
営業外費用		
支払利息	397	540
社債利息	38	37
支払手数料	101	145
投資事業組合運用損	404	542
貸倒引当金繰入額	93	196
その他	631	303
営業外費用合計	1,666	1,765
経常利益	8,441	2,514

	前事業年度 （自 2021年4月1日 至 2022年3月31日）	当事業年度 （自 2022年4月1日 至 2023年3月31日）
特別利益		
固定資産売却益	1,985	2
関係会社株式売却益	－	423
抱合せ株式消滅差益	50	－
その他	2	－
特別利益合計	2,038	426
特別損失		
投資有価証券評価損	－	59
投資有価証券売却損	26	－
新型コロナウイルス感染症による損失	66	－
抱合せ株式消滅差損	138	－
その他	1	－
特別損失合計	233	59
税引前当期純利益	10,246	2,880
法人税、住民税及び事業税	518	△273
法人税等調整額	△218	57
法人税等合計	299	△216
当期純利益	9,947	3,097

③　株主資本等変動計算書

　前事業年度（自　2021年4月1日　至　2022年3月31日）

	株主資本					
	資本金	資本剰余金			利益剰余金	
		資本準備金	その他資本剰余金	資本剰余金合計	その他利益剰余金 繰越利益剰余金	利益剰余金合計
当期首残高	29,953	29,945	162,234	192,179	114,589	114,589
当期変動額						
剰余金の配当					△9,411	△9,411
当期純利益					9,947	9,947
自己株式の取得						
自己株式の処分			△93	△93		
自己株式の消却						
株主資本以外の項目の当期変動額（純額）						
当期変動額合計	−	−	△93	△93	535	535
当期末残高	29,953	29,945	162,140	192,085	115,124	115,124

	株主資本		評価・換算差額等		新株予約権	純資産合計
	自己株式	株主資本合計	その他有価証券評価差額金	評価・換算差額等合計		
当期首残高	△53,839	282,881	83	83	−	282,965
当期変動額						
剰余金の配当		△9,411				△9,411
当期純利益		9,947				9,947
自己株式の取得	△25,036	△25,036				△25,036
自己株式の処分	714	621				621
自己株式の消却		−				−
株主資本以外の項目の当期変動額（純額）			299	299	176	475
当期変動額合計	△24,321	△23,880	299	299	176	△23,404
当期末残高	△78,161	259,001	383	383	176	259,560

当事業年度（自　2022年4月1日　至　2023年3月31日）

（単位：百万円）

	株主資本					
	資本金	資本剰余金			利益剰余金	
		資本準備金	その他資本剰余金	資本剰余金合計	その他利益剰余金 繰越利益剰余金	利益剰余金合計
当期首残高	29,953	29,945	162,140	192,085	115,124	115,124
当期変動額						
剰余金の配当					△8,873	△8,873
当期純利益					3,097	3,097
自己株式の取得						
自己株式の処分			31	31		
自己株式の消却			△45,631	△45,631		
株主資本以外の項目の当期変動額（純額）						
当期変動額合計	－	－	△45,599	△45,599	△5,775	△5,775
当期末残高	29,953	29,945	116,540	146,486	109,348	109,348

	株主資本		評価・換算差額等		新株予約権	純資産合計
	自己株式	株主資本合計	その他有価証券 評価差額金	評価・換算 差額等合計		
当期首残高	△78,161	259,001	383	383	176	259,560
当期変動額						
剰余金の配当		△8,873				△8,873
当期純利益		3,097				3,097
自己株式の取得	△4,987	△4,987				△4,987
自己株式の処分	142	174				174
自己株式の消却	45,631	－				－
株主資本以外の項目の当期変動額（純額）			227	227	292	519
当期変動額合計	40,786	△10,589	227	227	292	△10,069
当期末残高	△37,375	248,412	610	610	468	249,491

【注記事項】

（重要な会計方針）

1　有価証券の評価基準及び評価方法 ·····················

（1）　子会社株式及び関連会社株式 ·····················

　移動平均法による原価法

（2）　その他有価証券 ·································

　市場価格のない株式等以外のもの

　　時価法（評価差額は，全部純資産直入法により処理し，売却原価は移動平均法により算定）

　　なお，組込デリバティブを区分して測定することができない複合金融商品は，複合金融商品全体を時価評価し，評価差額を当事業年度の損益に計上しております。

　市場価格のない株式等

　　移動平均法による原価法

　　なお，投資事業有限責任組合及びこれに類する組合への出資（金融商品取引法第2条第2項により有価証券とみなされるもの）については，組合契約に規定される決算報告日に応じて入手可能な決算書を基礎として持分相当額を純額で取り込む方法によっております。

2　デリバティブの評価基準及び評価方法 ·····················

　時価法

3　固定資産の減価償却の方法 ·····················

（1）　有形固定資産 ·································

　定額法

　なお，主な耐用年数は次のとおりであります。

建物　　　　　　　　2〜50年

構築物　　　　　　　2〜47年

工具，器具及び備品　2〜15年

（2）　無形固定資産 ··

定額法

なお，自社利用のソフトウエアについては社内における利用可能期間（5年以内）に基づく定額法によっております。

4　重要な繰延資産の処理方法 ······································

社債発行費

支出時に全額費用処理しております。

5　引当金の計上基準 ··

（1）　貸倒引当金 ··

期末債権の貸倒れによる損失に備えるため，貸倒懸念債権等については個別に債権の回収可能性を考慮した所要額を計上しております。

（2）　賞与引当金 ··

従業員に対する賞与の支給に充てるため，支給見込額を計上しております。

（3）　役員賞与引当金 ··

役員に対する賞与の支給に充てるため，支給見込額を計上しております。

（4）　退職給付引当金 ··

①　退職給付見込額の期間帰属方法

退職給付債務の算定にあたり，退職給付見込額を当事業年度末までの期間に帰属させる方法については，給付算定式基準によっております。

②　数理計算上の差異及び過去勤務費用の費用処理方法

数理計算上の差異は，翌事業年度に一括費用処理することとしております。また，過去勤務費用は，発生時に一括費用処理することとしております。

6 ヘッジ会計の方法

（1） ヘッジ会計の方法

通貨スワップ取引については，振当処理の要件を充たしているため振当処理を行い，金利スワップ取引については，特例処理の要件を充たしているため特例処理を採用しております。

（2） ヘッジ手段とヘッジ対象

ヘッジ手段：通貨スワップ取引及び金利スワップ取引
ヘッジ対象：外貨建借入金及び借入金利息

（3） ヘッジ方針

為替及び金利等の相場変動に伴うリスクの軽減等を目的としてデリバティブ取引を行う方針であります。なお，原則として実需に基づくものを対象に行っており，投機目的のデリバティブ取引は行っておりません。

（4） ヘッジ有効性評価の方法

通貨スワップ取引においては，ヘッジ手段の想定元本とヘッジ対象に関する重要な条件が同一であり，かつ，相場変動を相殺するものと想定することができるため，また，金利スワップ取引においては，特例処理を採用しているため，決算日における有効性の評価を省略しております。

7 重要な収益及び費用の計上基準

経営指導による収益は，当社の子会社に対する経営・企画等の指導によるものであり，子会社との契約に基づいて契約期間にわたり経営指導を行う履行義務を負っております。そのため，契約期間にわたって履行義務が充足されるものと判断し，契約期間にわたって収益を認識しております。

シェアードサービスによる収益は，当社の子会社に対する総務，法務，人事，経理などのサービスの提供によるものであり，子会社との契約に基づいてサービスを契約期間にわたり提供する履行義務を負っております。そのため，契約期間

にわたって履行義務が充足されるものと判断し，契約期間にわたって収益を認識しております。

受取配当金は，配当金の効力発生日に収益を認識しております。

8　グループ通算制度の適用 ……………………………………………………

当社を通算親法人としたグループ通算制度を適用しております。

（重要な会計上の見積り）

PARADISE SEGASAMMY Co., Ltd. に係る関係会社株式の評価

（1）　当事業年度の財務諸表に計上した金額 ……………………………………

	前事業年度 （2022年3月31日）	当事業年度 （2023年3月31日）
関係会社株式	34,872百万円	34,872百万円

（2）　当事業年度の財務諸表計上額の算定方法 ………………………………

PARADISE SEGASAMMY Co., Ltd.（以下「PSS」という。）は，当社の関連会社であり，市場価格のない株式として取得原価をもって貸借対照表価額としております。

関係会社株式の評価にあたっては，取得原価と超過収益力を反映した実質価額を比較し，PSSの財政状態の悪化により実質価額が著しく低下した場合には，回復可能性が十分な証拠によって裏付けられる場合を除いて，相当の減額を行い，当期の損失として処理することから当社の関係会社株式の評価に影響を与えます。

（3）　当事業年度の財務諸表計上額の算出に用いた主要な仮定 ………………

PSSはのれんを含む資金生成単位及び減損の兆候がある資金生成単位について減損テストを実施しており，回収可能価額は使用価値又は処分コスト控除後の公正価値により算定しております。

使用価値の測定に用いる主要な仮定は，将来キャッシュ・フローの算定の基礎となる事業計画及び成長率並びに割引率であります。事業計画等は，渡航制限の

緩和を前提としたカジノ利用者数及びドロップ額（テーブルにおけるチップ購入額）により策定されております。事業計画等の対象期間後の成長率は，事業の成長性を考慮した数値を使用しております。また，割引率につきましては加重平均資本コストを基礎として外部情報及び内部情報を用いて事業に係るリスク等を反映するよう算定しております。

　処分コスト控除後の公正価値につきましては，主に対象資産の再調達価額及びその減価要素を考慮した外部専門家の不動産鑑定評価（償却後取替原価法）を利用しております。

（4）　翌事業年度の財務諸表に与える影響 ·································

　将来キャッシュ・フローの見積りは，経営者による最善の見積りにより行っておりますが，利用者数の動向等が見積りと乖離した場合，損益に影響を与える可能性があります。

（会計方針の変更）
　（時価の算定に関する会計基準の適用指針の適用）
　「時価の算定に関する会計基準の適用指針」（企業会計基準適用指針第31号2021年6月17日。以下「時価算定会計基準適用指針」という。）を当事業年度の期首から適用し，時価算定会計基準適用指針第27－2項に定める経過的な取扱いに従って，時価算定会計基準適用指針が定める新たな会計方針を将来にわたって適用することとしております。なお，これによる当事業年度の財務諸表に与える影響はありません。

第2章

エンタメ・レジャー業界の "今" を知ろう

企業の募集情報は手に入れた。しかし，それだけでは
まだ不十分。企業単位ではなく，業界全体を俯瞰する
視点は，面接などでもよく問われる重要ポイントだ。
この章では直近1年間のレジャー業界を象徴する重大
ニュースをまとめるとともに，今後の展望について言
及している。また，章末にはレジャー業界における有
名企業（一部抜粋）のリストも記載してあるので，今
後の就職活動の参考にしてほしい。

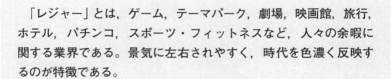

▶▶日本を癒やす，おもてなし
エンタメ・レジャー 業界の動向

> 「レジャー」とは，ゲーム，テーマパーク，劇場，映画館，旅行，ホテル，パチンコ，スポーツ・フィットネスなど，人々の余暇に関する業界である。景気に左右されやすく，時代を色濃く反映するのが特徴である。

❖ ゲーム業界の動向

　現在のゲームの形態は，スマートフォンで遊ぶスマホゲーム，専用機で遊ぶ家庭用ゲーム，そしてパソコンで遊ぶPCゲームに大別される。現行の家庭用ゲームハードはソニーグループの「プレイステーション5」，任天堂の「ニンテンドースイッチ」，そしてマイクロソフトの「XboxSeriesX/SeriesS」の3機種があげられる。2022年の国内ゲーム市場は2兆5923億，世界では24兆8237億円にもなる。

●ポケモン，ゼルダら人気シリーズがヒット

　かつてのゲーム業界では，販売されたゲームソフトは専用の家庭用ハードで遊ぶことが前提であった。1990年代では初代「プレイステーション」とセガの「セガサターン」で激しいシェア争いが起きたが，「ドラゴンクエスト」「ファイナルファンタジー」といった人気タイトルを独占したプレイステーションがシェアを勝ち取り，後の「プレイステーション2」の時代までソニーの一強体制を作り上げた。

　2023年現在では，ダウンロード版の販売が増えたこともあり，ひとつのタイトルが各種ハードにまたがって発売されることも多くなった。そんな中，任天堂は「マリオ」「ポケモン」「ゼルダ」などの独自タイトルを多く抱えている。2022年11月に発売された「ポケットモンスタースカーレット・バイオレット」，2023年5月発売の「ゼルダの伝説　ティアーズ　オブ　ザ　キングダム」などはニンテンドースイッチ専用タイトルながらも発売3日間で

1000万本を売り上げた。2017年に発売されたニンテンドースイッチ自体の販売台数は低下しているが，年間プレイユーザー数は増加している。

ソニーグループはプレイステーション5が好調。発売当初は品薄から転売問題が話題となったが，2023年には安定した供給が確立されている。2023年11月には旧来からの性能はそのままで，30％以上の軽量化をはかった新型プレイステーション5と，携帯機として「PlayStation Portal リモートプレーヤー」を発売した。

●スマホゲームは中国の台頭が目立つ

専用ハードを買い求める必要がある家庭用ゲーム機と異なり，誰もが手にするスマートフォンを使用するモバイルゲームは，その手に取りやすさから普段ゲームをしないカジュアル層への訴求力を強く持つ。

2021年にリリースされたサイゲームス「ウマ娘 プリティダービー」は社会現象ともいえる大ヒットを記録，2022年も894億円を売り上げ，これはモバイルゲーム全体の2位であった。モバイルゲーム売り上げ1位はモバイルゲーム黎明期にリリースされたMIXIの「モンスターストライク」で，933億円を売り上げた。同じく黎明期のタイトルであるガンホーの「パズル＆ドラゴン」も422億円と4位の売り上げで息の長さを感じさせる。

近年，モバイルゲーム業界では中国企業の台頭が目立つ。miHoYoの「原神」やネットイースの「荒野行動」などはランキングトップ10内におり，今後ますます競争が激化していくと思われる。

❖ テーマパーク業界の動向

テーマパーク業界は，新型コロナウイルスの影響を多大に受けた。東京ディズニーリゾートは，2020年2月29日から6月末まで丸4カ月以上の臨時休園に踏み切った。ユニバーサル・スタジオ・ジャパンも6月初旬から3カ月以上休業・ほかの遊園地や動物園・水族館も程度の違いはあれど，休園措置を余儀なくされた。

2021年から徐々に営業を再開し，2023年は本格回復を見せたが，依然，入場者数はコロナ前の水準には届いていない。各社は価格改訂をはかり，客単価をあげる方向にシフトしてきている。

●大手２社，新アトラクション，新サービスでリピーターを確保

　最大手のオリエンタルランドは，2017年４月から東京ディズニーリゾートの大規模改装，新規サービスの開始に着手した。2018年は東京ディズニーリゾートの35周年にあたる年で，ディズニーランドでは新しいショーやパレードがスタートしているほか，「イッツ・ア・スモールワールド」がリニューアルされた。2019年には，ディズニーシーに新しいアトラクションとして「ソアリン：ファンタスティック・フライト」が誕生した。2020年９月にはディズニーランドで映画「美女と野獣」「ベイマックス」などをテーマにした新施設をオープンした。また，2024年にはディズニーシーで新エリア「ファンタジースプリングス」はオープンする予定。「アナと雪の女王」「塔の上のラプンツェル」「ピーター・パン」の世界観を再現した４つのアトラクションによる３エリアが用意される。

　ユニバーサル・スタジオ・ジャパンも，2018年に「ハリー・ポッター・アンド・ザ・フォービドゥン・ジャーニー完全版」をスタートし，子供向けの『プレイング・ウィズ・おさるのジョージ』，『ミニオン・ハチャメチャ・アイス』の２つのアトラクションを追加。新パレード「ユニバーサル・スペクタクル・ナイトパレード」の開催のほか，「ウォーターワールド」もリニューアルされた。2021年には，任天堂と提携して「スーパーマリオ」をテーマとしたエリアをオープン。投資額は約500億円で「ハリー・ポッター」を超える規模となる。

　また，オリエンタルランド，ユニバーサル・スタジオ・ジャパンともに，新サービスとして有料でアトラクションの待ち時間を短縮することができるチケットを販売。客単価を上げることで収益を上げることに成功している。

●ムーミンやアニメ，新規開業も続々

　地方でもテーマパークの新設が続いている。2017年には名古屋に「レゴランド・ジャパン」がオープンしたが，2018年，隣接地に水族館「シーライフ名古屋」とホテルが追加され，レゴランド・ジャパン・リゾートとなった。また，ムーミンのテーマパーク「Metsa（メッツァ）」が埼玉県飯能に開設される。メッツァは，北欧のライフスタイルが体験できる「メッツァビレッジ」とムーミンの物語をテーマにした「ムーミンバレーパーク」の２エリアで構成され，「メッツァビレッジ」は2018年秋，「ムーミンバレーパーク」は2019年春にオープンした。

　2020年には香川県のうたづ臨海公園内に四国エリアで最大級となる水族

館「四国水族館」がオープンした。2022年には，愛知万博会場の愛・地球博記念公園内に人気アニメ「もののけ姫」や「ハウルの動く城」といったジブリの世界観を楽しめるテーマパーク「ジブリパーク」が開業。ジブリパークは5つのエリアで構成されている。「青春の丘」エリアは『耳をすませば』『ハウルの動く城』がモチーフに。「もののけの里」エリアは『もののけ姫』をテーマにしたエリアで，「魔女の谷」エリアは『ハウルの動く城』や『魔女の宅急便』をテーマにした遊戯施設が用意される予定。「どんどこ森」エリアは，現在「サツキとメイの家」が建っている同公園内の場所が該当し，『となりのトトロ』をテーマにしたエリアになっている。また，「ジブリの大倉庫」エリアは映像展示や子どもの遊び場施設になっている。

　11月のオープン当初は1日の入場者数が5000人前後に抑えられていることもあり，チケットの入手が非常に困難な状況に。数ヶ月先まで予約で埋まる大盛況となっている。

❖ 旅行業界の動向

　「21世紀最大の産業は，観光業」という見方もあるほど，旅行業界は世界的な成長産業である。国連世界観光機構（UNWTO）によると，2019年の世界の海外旅行者数は，前年比6％増の14億人となり，9年連続で増加した。UNWTOの長期予測では，2020年に年間14億人に，2030年には18億人に拡大するとされていたが，それよりも2年早く実現したことになる。新型コロナウイルス禍で大打撃を受けた旅行業界だが，コロナ5類移行を受けて，順調に回復してきている。

　国内については，観光庁によると，2022年度の国内旅行消費額は18.7兆円まで回復した。2022年6月には政府が訪日客の受け入れを再開。入国者数の上限制度など一部では引き続き水際対策が続くものの，2023年からは正常化が見込まれている。

　国内旅行会社が扱う商品は，個人・法人向けとして，国内・海外旅行などのパッケージツアーや，個々の希望に応じて宿や交通機関の手配を行う企画旅行が中心となる。わずかな手数料がおもな収入源のため，店舗を構えて担当者が対応する店舗型では店舗の運用費や人件費の負担が高くなっている。

●ネット専門旅行業の急成長に，大手も対抗

　ネット通販の拡大とともに，旅行業界においてもOTA（Online Travel Agent）が台頭している。ホテル予約について世界市場を見ると，米国では，OTA経由とホテル直販がほぼ半数ずつなのに対して，アジアでは約7割がOTA経由になっている。国内でも，2大OTAの「楽天トラベル」とリクルートの「じゃらんネット」をはじめ，エクスペディア，ホテルズ.comなどの外資系も続々と参入している。また近年は「トリバゴ」や「トリップアドバイザー」といった，ネット予約サイトを横断的に検索してホテルや航空券の価格を比較する「メタサーチ」を提供するサイトの存在感が高まっている。2017年7月には，メタサーチ大手「カヤック」が日本への本格進出した。

　こういった動向を受けて，大手各社は組織再編に乗り出している。JTBは，2017年4月に事業再編を発表。地域別・機能別に分散していた15社を本社に統合し，個人・法人・グローバルの3事業を軸に組織化した。一方，KNT-CTホールディングス（近畿日本ツーリストとクラブツーリズムの統合会社）は，JTBと正反対の戦略を示す。同時期に発表されたKNT-CTの構造改革では，これまで団体や個人といった旅行形態に合わせていた事業を，新たに地域ごとに子会社を設け，地域密着で旅行に関連する需要を取り込んでいくという。HISは2016年11月に新体制に移行し，グローバルオンライン事業を既存旅行事業から切り離した。そのねらいは「世界に通用するOTAを視野に入れた，新たなビジネスモデルを構築」だという。

　また，各社とも，所有資源を有効活用しつつ，旅行に限定しない幅広いサービスの開拓も積極的に行っている。JTBは2013年に，企業，地方自治体の海外進出をサポートする事業「LAPTA」を立ち上げ，海外進出の際の市場調査や，商談会・展示会など販路拡大の機会創出，駐在員の生活支援といったサービスの提供を始めた。HISも2015年より市場調査などのサポートを行う「HISビジネス展開支援サービス」を始めていたが，2018年からはこの事業をさらに強化した「Global Business Advance」サービスの提供を始めた。海外展開支援のための企業マネジメントや各種コンサルティング，実務支援，現地進出のサポートやビジネス展開の支援サービスを提供する。まずはトルコを皮切りに，今後は同社の世界70カ国の拠点でサービスを展開するという。

❖ スポーツ用品業界動向

　国内スポーツ用品市場は，健康志向によってスポーツへの関心が高まり，微増傾向が続いている。矢野経済研究所によれば，2022年の市場規模は1兆6529億円と見込まれている。

　業界1位のアシックスは，シューズメーカーとしてスタートし，スポーツシューズに強みを持っていたことから，経営資源の大半をランニングシューズに集中させ，業績を好転させている。広告塔となる選手を設けず，世界各地のマラソン大会のスポンサーとなり，市民ランナーへ向けてブランドを訴求。この地道な販促は，ロンドン，ボストン，東京など世界の主要なマラソン大会において，2時間台で完走した上級参加者のシューズは，5割以上がアシックスという結果につながっている。一方，業界2位のミズノは，トッププロ選手やチームとの契約を重視し，野球やゴルフなど特定の競技に依存したことで，好調の波に乗り遅れた。しかし近年は，競技重視のマーケティングを転換し，より裾野が広いカジュアル系ブランドとしての訴求を目指している。

● 海外に目を向ける各社　アシックスの海外売上高比率は8割

　国内スポーツ大手は，少子高齢化による競技スポーツ市場の縮小を見越して，海外進出にも積極的に取り組んでいる。アシックスは2012年に，子会社のアシックスジャパンを設立して国内事業を移管，本体のアシックスは海外事業を主軸に据えた。「世界5極体制」といったグローバルな体制を敷き，日本以外に，米国，欧州，オセアニア，東アジア地域で幅広く展開したことで，現在では，海外売上高比率が約80％を占めている。業界3位のデサントは，韓国を中心にアジアで売上を伸ばしており，海外売上高比率は53％まで伸びている。2016年には，中国で合弁会社を設立。2018年には，韓国・釜山にシューズの研究開発拠点を新設したほか，米国アトランタに新規子会社を設立して，アスレチックウェアやゴルフウェアの市場競争力を強化する。また，欧米に強い事業基盤を有するワコールと包括的業務提携を締結し，自社の強みのアジアとそれぞれ補完することで，世界展開の加速を図っている。

●ライフスタイル需要が伸びるなか，ミズノはアスレジャーに期待

　アスレジャーとは，アスレチックとレジャーを組み合わせた造語で，エクササイズをするような機能性の高いスポーツウェアで構成されたファッションスタイルのこと。これまでもスポーツミックスといわれる，スポーティなアイテムとフォーマルよりのアイテムを組み合わせるファッションはあったが，アスレジャーはよりスポーツ色が強い。

　2014年以降，ナイキがレディス市場を強化したことでレディースファッションとして火がついた。その後，メンズにも広がり，日本でも取り入れる若者が増えてきている。スポーツ関連企業がレディス市場の開拓を強化する動きは珍しいものではなく，2000年以降，継続して見られる動きといえる。米国では2020年にアスレジャー市場は約1000億ドル（約10兆円）になるとの予測もある。この市場で先行しているのは，ナイキやアディダスといった海外メーカーだが，国内のスポーツメーカーも新たな市場として注目している。

　米国ではアスレチックの傾向が強いが，日本ではカジュアル色の強い傾向が見える。もともとフィットネスクラブやヨガスタジオのなかで着るウェアがメインとなっており，機能性だけでなく，素材や色にもこだわった商品が好まれる。ライフスタイル需要の流れに乗り遅れていたミズノは，2016年から新ブランド「ミズノスポーツスタイル」や「M-LINE」，「WAVE LIMB」を投入し，タウンユース向けのアパレルやシューズを展開して挽回を図っている。2017年には，ナノ・ユニバースやマーガレット・ハウエルとのコラボ商品を発売し，話題を呼んだ。また，2018年には，ファミリー向けファッションブランドのコムサイズム（COMME CA ISM）とのコラボ商品も発売している。機能素材を使い，家族で身体を動かす楽しさを提案する商品群となっており，親子やパートナー同士でのリンクコーデが楽しめる。

　アスレジャーでは，機能性をもつウェアが選ばれるため，アパレル大手のユニクロも機能素材とファッション性を武器に，この市場に参入している。アスレジャーはあくまでファッションのトレンドであるため，当然ながら，ファッション性が求められる。機能性をアピールするだけで注目された競技スポーツ向けとは大きく異なる。スポーツメーカーには，いかに消費者に目を向けさせるか，購買意欲を高めるか，販売網も含めた工夫が求められる。

エンタメ・レジャー業界

直近の業界各社の関連ニュースを
ななめ読みしておこう。

沖縄に大型テーマパーク25年開業　USJ再建の森岡氏主導

ユニバーサル・スタジオ・ジャパン（USJ、大阪市）の再建で知られる森岡毅氏率いるマーケティング会社の刀（同市）は27日、沖縄県で自然体験を軸にした大型テーマパークを2025年に開業すると発表した。

名称は「JUNGLIA（ジャングリア）」。世界自然遺産の森林「やんばる」に近い沖縄本島北部の今帰仁（なきじん）村と名護市にまたがるゴルフ場跡地で23年2月から工事を進めている。面積は60ヘクタールほど。50ヘクタール前後の東京ディズニーランド（TDL、千葉県浦安市）や東京ディズニーシー（TDS、同）、USJを上回る。

刀の最高経営責任者（CEO）の森岡氏は東京都内で開いた記者会見で「沖縄は世界一の観光のポテンシャルがある」と述べた。観光客が旅先での体験価値を最大化できるよう「パワーバカンス」をコンセプトに掲げ、「都会では味わえない本物の興奮と本物のぜいたくを組み合わせた」と語った。

アトラクションは気球に乗り込み眼下のジャングルやサンゴ礁の海を見渡せる遊覧や、装甲車に乗り込んで肉食恐竜から逃げるスリルを楽しめるサファリライドといった「人間の本能を貫通する」（森岡氏）体験を提供する。森林に囲まれたスパやレストランなど静かな時間を過ごせる空間も用意する。

空路で4〜5時間ほどの圏内に20億人超の市場を抱える地の利を生かし、伸び代が大きいインバウンド（訪日外国人）も呼び寄せる。

（2023年11月27日　日本経済新聞）

個人消費、レジャー下支え　コンサートは15%増

レジャー消費が個人消費を下支えしている。2023年の映画の興行収入は歴代

3位のペースで推移し、音楽チケットの販売は新型コロナウイルス禍前の18年度を上回る。国内旅行も堅調だ。新型コロナの感染症法上の分類が「5類」に移行してまもなく半年。相次ぐ値上げで食品の支出が落ち込むなかで、レジャー関連の強さが目立っている。

チケット販売大手のぴあによると、23年4〜8月の音楽チケットの販売枚数はコロナ前の18年同期比約15％増となった。「アリーナの開業が相次ぎ、大規模公演が増えていることも好材料となっている」（同社）

映画も好調だ。日本映画製作者連盟によると、23年1〜8月の配給大手12社の興収は前年同期比12.8％増の1442億円だった。同期間としては歴代3位の水準だ。「ザ・スーパーマリオブラザーズ・ムービー」といったヒット作に恵まれたこともあり、「コロナ前にほぼ戻った」（同連盟）。

国内旅行は一段と回復している。東海道新幹線の10月の利用者数は11日時点で、18年同期比96％で推移する。土休日に限れば同100％だ。88％だった8月全体よりも高水準だ。西武・プリンスホテルズワールドワイドの10月の室料収入（一部施設）は18年同月比で約1.4倍の見通しだ。

日本生産性本部（東京・千代田）が26日公表した「レジャー白書」によると、レジャー産業の22年の市場規模は前の年に比べ12.7％増の62兆8230億円だった。コロナ禍の20年に55兆2040億円まで落ち込んだが着実に回復し、18年比では9割弱の水準まで回復した。「23年はコロナ前の水準（約70兆円）に近づくだろう」（日本生産性本部）

総務省の家計調査によると、2人以上の世帯の消費支出は実質ベースで8月まで6カ月連続で前年同月を下回った。一方で、ツアーなどのパック旅行支出は同53.7％増（推計）と21カ月連続で増加。物価高で食品への支出が抑えられているのと対照的に、消費者のレジャーへの支出意欲は高い。ゴルフ場運営のリソルホールディングスでは4〜9月の客単価が19年同期に比べて2割弱上昇した。

（2023年10月26日　日本経済新聞）

ゲーム開発に生成AI　コスト3分の1で、著作権侵害懸念も

ゲーム業界に生成AI（人工知能）の波が押し寄せている。人材や資金に限りがあるゲーム制作のスタートアップでは、シナリオ構成やキャラクターデザインなどでフル活用し、開発コストを従来の3分の1に抑える企業もある。ただ、生成AIが生み出したコンテンツが著作権を侵害する懸念もあり、ゲーム大手は

導入に慎重だ。

「どの部分で生成AIを使っているんですか」。現在開催中の世界最大級のゲーム見本市「東京ゲームショウ（TGS）2023」の会場で、開発スタッフわずか4人のスタートアップ、AI Frog Interactive（東京・目黒）のブースに並ぶゲームが注目を集めた。

フィールドを歩き回る一見普通のゲームだが、キャラクターのデザイン案に画像生成AIを使い、シナリオ案を出したりキャラクターを動かすコードを書いたりするのには対話型AIを活用した。新清士最高経営責任者（CEO）は「開発コストと期間が3分の1で済むため、同じ予算でより凝ったものを早くつくれる」と話す。

AIはあくまで案を出す役で、最終的には人の手を入れる。回答が不完全なものが多いうえ、実在する作品と酷似するといった著作権侵害のリスクを減らすためだ。新氏は数年後にはゲーム業界で生成AIの利用が当たり前になるとみており、「大手が本腰を入れる前に実用化してリードしておきたい」と話す。

近年、大型ゲームの開発費用は100億円を超えることも多く、完成まで5年ほどかかるケースもある。技術の進歩でビジュアルなども高度になり作業が大幅に増加したからだ。生成AIを使えば、経営資源が乏しいスタートアップも大型ゲームに匹敵する作品を生み出せる可能性がある。

ゲーム向けAIを開発するモリカトロン（東京・新宿）は7月、生成AIで制作したミステリーゲーム「Red Ram」を発表した。ユーザーがゲーム内で入力した設定などをもとに、シナリオ構成やキャラクター、背景画像などを生成AIが創作する。3人のエンジニアで制作にかかった期間は約3カ月。従来に比べて工数を約4割削減できたという。

東京ゲームショウでは生成AIをテーマにした対談も開催された。サイバーエージェント傘下のCygamesは、ゲーム内の不具合を自動で検知する活用事例を披露。将来は生成AIと人がどう役割分担すべきかなどを議論した。

もっとも、生成AIの活用に慎重な企業は大手を中心に多い。対談に登壇したスクウェア・エニックスAI部の三宅陽一郎氏は「外注先などとの摩擦が少ない小規模開発の現場では導入が早いだろう」と指摘。バンダイナムコスタジオの長谷洋平氏は校閲システムなどで生成AIの技術を使っていると明かしたうえで「著作権などのリスクに対して議論があり、それらを無視して活用できない」と語った。

あるゲーム国内大手の幹部は「各社が互いの出方を見ている段階だ」と話す。

海外ではゲームに生成AIを組み込んでいることを理由に大手プラットフォーム

での配信を拒否されたとする事例も報告された。生成AIがつくったものが著作権を侵害することを懸念した動きとみられる。

データ・AI法務が専門のSTORIA法律事務所の柿沼太一弁護士は、著作権侵害などのリスクを回避するため「学習したデータと比較して不適切なものが生成されないような技術的な仕組みなどが必要だ」と指摘する。

（2023年9月22日　日本経済新聞）

東京ゲームショウ開幕　携帯型ブーム再来、ASUSなど

21日開幕した世界最大級のゲーム見本市「東京ゲームショウ（TGS）2023」では、台湾の華碩電脳（エイスース、ASUS）などが出展した携帯ゲーム機が話題を集めた。人気のオンラインゲームを外出先でも楽しめる。据え置き型を展開するソニーグループの戦略にも影響を及ぼしている。

会場の幕張メッセ（千葉市）では開場前に1300人以上の長蛇の列ができ、英語のほか中国語、韓国語が多く聞こえた。開場後、ゲームが試せるブースの中には一時30分待ちとなる列もあった。

ゲームショウの主役は通常、各社が競って披露するゲームソフトだ。今回は1700点以上が出展された。ただ、今年は最新のゲーム用パソコン（PC）などハード機器を展示するコーナーが初めて登場した。操作の反応が早いなど、ゲーム体験の満足感を左右するような高い性能をうたうゲーム機が並ぶ。米デル・テクノロジーズや米インテルもPCゲーム端末を出展し、中国スタートアップによる携帯ゲーム機も目立った。

国内大手ゲーム会社ではバンダイナムコエンターテインメントやスクウェア・エニックス、セガなどが出展し、話題のゲームにちなんだ展示や試遊を行った。海外からは中国ゲームの網易（ネットイース）のゲーム部門も初出展した。

会場で特に注目を集めたのが、ASUSの携帯ゲーム機「ROG Ally（アールオージーエイライ）」だ。任天堂の「ニンテンドースイッチ」より一回り大きく、7インチ液晶の左右にあるコントローラーを操作して遊ぶ。上位機種の価格は約11万円と値は張るが「6月の発売後、想定の3倍を既に出荷している」（ASUS）という。同ゲーム機は米マイクロソフトのPC向け基本ソフト（OS）「ウィンドウズ11」や高性能半導体を搭載し、デスクトップ型PC並みの性能を誇る。

中国レノボ・グループは今回のゲームショウに出展しなかった初の携帯ゲーム機「レノボ・レギオン・ゴー」を近く発売する。ASUSより大きい8.8インチの液晶

を搭載。ゲーム画面を美しく表示する性能が高い。

ASUS製もレノボ製も外出先で遊べる手軽さとともに、ハードとしての高い性能も売りとし、スマートフォンのゲームでは物足りないと感じるユーザーらも取り込む狙いだ。ASUSの日本法人、ASUSJAPANのデイビッド・チュー統括部長はROG Allyについて「（ゲームの）プラットフォームを超えて遊べる。今後も色々なゲームで検証したい」と話す。

ASUSのゲーム機で遊んだ都内から来た18歳の男性は「画面描写がきれいで驚いた。自宅では『プレイステーション（PS）5』で遊んでいるが、携帯型ゲームに興味がわいた」と話した。

ソニーGも21日、自宅にあるPS5のゲームを外出先からスマホ「Xperia（エクスペリア）」上で遊べる技術を披露した。11月にはPS5をWi-Fiでつなぎ、家の別の部屋などで遊べる新しいリモート端末を発売する。

ソニーGにとって、据え置き型のPS5が主力ゲーム機との位置づけは変わらない。ただ、携帯型のような楽しみ方を加えることでユーザーを逃さないよう手を打つ。

ゲーム機の歴史をたどれば、これまでも携帯型が人気だった時代がある。任天堂はファミコンに続いて1980年代末〜2000年代前半まで「ゲームボーイ」で市場を席巻した。現在も持ち運びできる「ニンテンドースイッチ」を販売している。

ソニーGも04年に発売した「プレイステーション・ポータブル（PSP）」など携帯ゲーム機を主力製品と位置づけていたことがあった。いずれもこれらの専用ゲーム機でしか遊べない「看板ソフト」があった。

今回再来した携帯型のブームが従来と異なるのは、1つのソフトを様々なハードで楽しめる「ゲームの汎用化」という大きな流れが背景にあることだ。ASUSやレノボの携帯ゲーム機は、持ち運びできる特徴に加え、1台でPCやスマホ向けのゲームも楽しめる点でスイッチなど専用機とは違う。

2026年の世界ゲーム市場は22年比で約14％増の2490億ドル（約37兆円）に成長する見通し。20〜26年の年平均成長率ではモバイル（3.3％）やPC（1.3％）に比べ、専用機は0.6％と小幅にとどまりそうだ。

専用機が頭打ちの中、関心が集まるのがマイクロソフトの動向だ。同社は「Xbox（エックスボックス）」を展開するが、PCやスマホ向けゲームにも注力し、専用機にはこだわらない戦略はソニーGや任天堂のそれとは異なる。

ゲーム業界に詳しい東洋証券の安田秀樹アナリストは「マイクロソフトは成長するPCゲームを取り込もうとしている」と指摘する。遊ぶ場所もハードも選ばないゲームへのニーズは、ゲーム大手も無視できないほど高まりつつある。

（2022年1月18日　日本経済新聞）

VTuberを株式セミナーに　東洋証券が若年層開拓

東洋証券は株式セミナーにバーチャルユーチューバー（Vチューバー）を活用する取り組みを始めた。Vチューバーとも親和性の高いゲーム業界について担当アナリストとVチューバーが対話しながら業界を解説する。若者から人気のあるVチューバーとタッグを組み、幅広い層の投資家を開拓したい考えだ。

ゲームセクターを担当する東洋証券の安田秀樹シニアアナリストがVチューバーと対話しながら、業界環境やゲーム事業のイロハを解説する。

第1回のオンラインセミナーを4月に開き、ソニーグループや任天堂の事業などを説明した。7月にも2回目を開催し、2社の歴史やゲームメーカーの生き残り施策に焦点をあてて解説する予定だ。

証券会社のセミナーだが、あえて株や投資の話はしない構成とした。あくまで今回はゲーム業界に興味を持ってもらうことに主眼を置いた。60代以上が大半を占める既存客向けに、投資テーマを解説してきた従来型の株式セミナーとの違いを明確にした。

Vチューバーには「日向猫（ひなたね）めんま」を起用した。従来の株式セミナーは平日の昼間に店舗で開催することが多いが、若年層が視聴しやすい平日の午後8時にオンラインで開催した。第1回セミナーは視聴者の約35%を10〜30代が占めるという異例の結果となった。

「証券会社にしては面白いことを企画するなと思った」「2回目も参加したい」。セミナーの参加者からはそんな声が寄せられた。アンケートでは東洋証券の認知度が良くなったと回答した人が8割を超えた。

「証券会社の堅いイメージを払拭しながら、金融リテラシーの底上げを図りたい」。東洋証券の三浦秀明執行役員はセミナーの狙いをこう話す。さらに「投資とは何か」という広いテーマなどでも、同じVチューバーを起用したコラボ動画を今後投入していくという。

政府も「貯蓄から投資へ」というスローガンを掲げ、投資優遇制度である少額投資非課税制度（NISA）の充実を進めている。若年層の証券口座開設も増えつつあるが、その余地はまだ大きい。

Vチューバーはアニメ調の声と2次元や3次元のキャラクターの動きを重ねたもので、若者を中心に人気がある。2016年に人気キャラ「キズナアイ」が動画投稿サイトのユーチューブで登場したのがきっかけで、国内外に広まった。

中国の調査会社のQYリサーチによると、世界のVチューバーの市場規模は28

年に174億ドル（約2兆4800億円）を見込む。21年比で10倍超に拡大する見通しだ。

実際にVチューバーを活用した企業広報の裾野は広がっている。サントリーは自社初の公式Vチューバーを手掛け、製品レビューやゲーム実況などを通じて新たなファン層を獲得している。

証券会社のVチューバー活用については、こうした若い潜在顧客からどのように収益化へつなげるかという課題がある。三浦執行役員は「最終的には企業の投資家向け広報（IR）担当者と若い投資家の橋渡しができるような場を作っていきたい」と話す。

最近では株や投資をテーマにしたユーチューバーなどから情報を得る人も多く、若年層にとって金融資産形成の情報を収集するハードルが低くなってきている。若者が株式投資に興味を持つきっかけに、Vチューバーが一役買う可能性は今後も続きそうだ。　　　　　　　　　　　（2023年7月4日　日本経済新聞）

自動車内のエンタメ、ゲームに熱視線　NVIDIAやソニー

半導体大手の米エヌビディアは自動車にクラウドゲームを導入すると発表した。手始めに韓国現代自動車グループなど3社での搭載を予定する。ソニー・ホンダ連合も米エピックゲームズとの提携を公表した。クルマの電動化や自動運転技術の開発により、車内で過ごす移動時間の過ごし方が注目を集めている。自動車とエンタメ大手の「相乗り」で車内空間のエンターテインメント化が進みそうだ。

「リラックスして楽しめる車内体験を再創造する」。米ラスベガスで開かれたコンシューマー・エレクトロニクス・ショー（CES）で1月3日（現地時間）、エヌビディアのオートモーティブ事業バイスプレジデントを務めるアリ・カニ氏はこう強調した。

クラウドゲームサービス「ジーフォース・ナウ」を自動車にも導入する。まずは、現代自動車グループのほか、中国比亜迪（BYD）やスウェーデンのボルボ・カーズグループのポールスターと搭載を進める。現代自動車は「ヒュンダイ」「キア」などのブランドに搭載し、ポールスターはEV（電気自動車）での活用を進めるという。

翌日にはソニー・ホンダモビリティも車内エンタメで米エピックゲームズとの協業を発表した。水野泰秀会長はエピックを「クルマにおける時間と空間の概念を広げるための重要なパートナー」と持ち上げた。

エピックはゲームや映画を制作するための「アンリアルエンジン」やオンラインゲーム「フォートナイト」を持ち、ゲームの配信プラットフォームも運営する。iPhoneでのゲーム収益を巡っては米アップルと衝突した。クルマのスマホ化を見据え、車内エンタメの覇権取りに手を打ったとみられる。

車内空間へのゲーム配信では米テスラの動きが速い。2022年7月にイーロン・マスク氏がツイッター上で告知した通り、12月に「モデルS」と「モデルX」に米バルブ・コーポレーションのゲーム配信サービス「スチーム」を実装した。独BMWも10月にスイスのNドリームとの提携を発表し、23年からの提供開始を予定する。

エヌビディアやスチームは特定のゲーム機に縛られない環境を整えてきた。PCやモバイルで自由に遊べる仕組みが変革期の自動車産業でも生きている。世界の新車販売台数は21年で8268万台と、年10億台を超えるスマホの出荷台数には遠く及ばないが、家庭用ゲーム機は優に上回る規模だ。富士経済は35年にはEVの新車販売だけで5651万台と予測し、潜在力は大きい。

皮算用通りに進めば、未来の消費者は車内で膨大な時間を持て余す。例えば、EV。日産リーフが積む容量40kWh（キロワット時）の電池を出力3kWで給電するとフル充電に約16時間かかる。一定の走行距離の確保だけでも数十分が必要だ。後部座席の子どもは今も退屈だが、自動運転になれば同乗者すべてが移動時間を持て余す。

エンタメを含むソフトウエアは自動車のビジネスモデルを変える。販売時点で完成品の自動車を作る商売から、販売後の自動車に向けた基本ソフト（OS）更新やエンタメ供給でも稼ぐスマホ型になる。「（ソフトは）顧客に1万ドル以上の価値をもたらし、自動車メーカー側にも新たなソフト収益をもたらす」（エヌビディアのカニ氏）

ゲーム業界も対応を迫られる。ゲームとの接点が家庭用ゲーム機からモバイルに移り変わると、ユーザーが好むゲームソフトも変わった。モビリティーでも車内空間の特徴を生かしたゲームソフトが脚光を集める可能性がある。モバイルで歩きスマホや射幸心をあおる一部の「ガチャ」課金が社会問題になったように、新たな課題が浮上する懸念もある。

一方、家庭用ゲームには台頭するモバイルやPCに劣勢を強いられた過去がある。モビリティーが脚光を浴びる中、業界で存在感が大きいソニー・インタラクティブエンタテインメント（SIE）や米マイクロソフトの動向も注目を集める。

（2023年1月14日　日本経済新聞）

▶ 労働環境

職種：法人営業　　年齢・性別：20代前半・女性

- 仕事量が多いのは，この業界はどこも同じような気がします。
- お客様都合のため，残業せざるを得ない環境にあるといえます。
- 有休は仕事の兼ね合いで取得が可能ですが，取りにくいです。
- 店舗により雰囲気が全く違うので，働く店舗によると思います。

職種：経理　　年齢・性別：50代前半・男性

- 社員は30年戦士がほとんどで，和気あいあいとした環境です。
- 逆にいえば若い社員が少ない環境ということです。
- あと10年以内に今のポジションの社員は全員定年になります。
- なんとか綺麗に引き継ぎ出来る環境を整えてほしいと願っています。

職種：カウンターセールス　　年齢・性別：20代前半・女性

- 仕事はハードですが，繁忙期には波があるので，慣れれば平気です。
- 私のいる部署は残業を良しとしない風潮ため，定時帰社も可能です。
- 部署によっては，遅くまで残業するところもあるようですが。
- お客様都合の仕事のため，特にオンとオフのメリハリが大事です。

職種：販売・接客・ホールサービス　　年齢・性別：20代後半・男性

- 上司との関係もとても良く，結束力もあり社内の雰囲気も良好です。
- 社員同士の仲も良く，よく皆でご飯や飲みに行くことも。
- 上司は日々アドバイスをくれ，キャリアアップを応援してくれます。
- 教育制度がしっかりしているので，とても安心して働けます。

▶福利厚生

職種：ルートセールス　　年齢・性別：30代前半・男性

- ・旅行関係の特典があるなど，福利厚生はとても充実しています。
- ・試験制度（国家試験を含む）の費用は会社が負担してくれます。
- ・ツアー割引や，関係協力機関の特典を受けられます。
- ・旅行へ行く際は航空機運賃や宿泊施設が割引になります。

職種：経理　　年齢・性別：50代後半・男性

- ・家族手当はありますが住宅補助はなく，福利厚生は不十分です。
- ・儲かっている会社なので住宅補助は少しあっても良い気がします。
- ・食事の補助も全くなく，会社だけが潤っている感じが否めません。
- ・一時金だけではない手当を充実させていってほしいと思います。

職種：販売・接客・ホールサービス　　年齢・性別：20代前半・男性

- ・住宅補助はとても充実していると思います。
- ・とても安く社員寮に入れ，単身赴任の場合も広い寮が与えられます。
- ・築年数は古めですが，立地や広さなど考えると十分満足な環境です。
- ・ジョブチャレンジ制度もあり，積極的に新しい仕事に挑戦できます。

職種：ホテルスタッフ　　年齢・性別：20代前半・女性

- ・一般的な大企業がもつ福利厚生は一通りは揃っていると思います。
- ・産休，育休や時短など，利用している女性は多くいます。
- ・子どもが生まれても，働き続けることは可能です。
- ・残業代は部署によってはつけにくい雰囲気があるのも事実です。

▶仕事のやりがい

職種：個人営業　　年齢・性別：20代後半・男性

・提案通りにお客様がオーダーしてくださると，やりがいを感じます。
・お客様に対して何をどう提案すれば満足していただけるか考えます。
・日頃から新聞やニュースを見て，アンテナを張ることも重要です。
・努力が結果となって見えやすいので，やる気につながります。

職種：法人営業　　年齢・性別：20代前半・女性

・誰かと競うのが好きな方にはやりがいがあり，楽しいと思います。
・社内，他社，営業所で競い合うことができる体育会系の社風です。
・成績が良いと研修旅行へ行けるため，モチベーションが上がります。
・希望すれば海外支店への移動もでき，自分の可能性が広がります。

職種：経理　　年齢・性別：20代後半・女性

・男女の区別は全くなく，結果が全てなのでやりがいがあります。
・まじめに仕事に取り組み，結果を出せば公平に評価される環境です。
・社内公募制度があり，成績次第で挑戦したい部署へ異動も可能です。
・私は支店勤務でしたが，営業成績を出し本社への異動を叶えました。

職種：販売・接客・ホールサービス　　年齢・性別：20代後半・男性

・若手でも部署によってはかなりの裁量を任されます。
・自由度も高く，自分で仕事を進めたい人には向いていると思います。
・日本だけでなく世界への発信力も大きいため，刺激があります。
・マニュアル，研修が充実しているため，自身の成長を感じられます。

▶ ブラック？ホワイト？

職種：旅行サービス関連　　年齢・性別：20代後半・女性

・毎日23時まで残業しているにも関わらず給料は少ないです。
・勤続年数が長くても，あまり給料はアップしないようです。
・ボーナスは出ない年もあり，クレジットのボーナス払いは危険です。
・退職金もこれまたほとんどないに等しいので，期待はできません。

職種：個人営業　　年齢・性別：20代後半・女性

・月に100時間を超える残業をしてもほとんど手当はつきません。
・ノルマ達成は当たり前ですが，それ以上に高い成績を求められます。
・安い商品ばかり販売しても，売上にならず給料に反映されません。
・社歴が長くても給料は上がらず，社内結婚した方はほぼ共働きです。

職種：法人営業　　年齢・性別：30代後半・男性

・昇進試験は適正試験と面接で決まりますが，評価規準が曖昧です。
・支店長の推薦（押し）と営業本部長の気持ちで変わるようです。
・実力があっても認められず，ゴマスリがはびこる歪んだ人事制度。
・どのラインにつくかで支店長や，営業本部に入れるかが決まります。

職種：旅行サービス関連　　年齢・性別：20代後半・女性

・基本給は低く，残業代はみなしで40時間までしか支払われません。
・年に2回の賞与はしっかりありましたが，微々たるものでした。
・仕事上では取った数字で評価されますが，給料は売り上げベース。
・数字的には目標達成でも給料が低い，なんてことはザラです。

▶ 女性の働きやすさ

職種：アミューズメント関連職　　年齢・性別：20代後半・男性

- 産休も取れ，女性にとってはかなり働きやすい職場だと思います。
- 妊娠中はデスクワーク主体の部署に異動することも可能です。
- 出産後落ち着いたら，元の職場に戻ることができます。
- 周りの方々も配慮してくれるので，気兼ねなく休むこともできます。

職種：アミューズメント関連職　　年齢・性別：20代後半・男性

- 産休はもちろん申請できますし，申請しやすい環境です。
- 出産後は自分で復帰のタイミングが決められます。
- 出産後に復帰して，時短勤務で仕事を続ける女性は多くいます。
- 休暇は申請すればほぼ取得できます。

職種：販売・接客・ホールサービス　　年齢・性別：30代後半・女性

- 従業員に女性が多いこともあり女性が働きやすい会社だと思います。
- 産休なども取得しやすく，職場復帰も問題なくできています。
- これまでに同僚が5名ほど産休を取得し，無事復帰してきました。
- 女性のキャリアパスについてもだいぶ整ってきていると思います。

職種：販売・接客・ホールサービス　　年齢・性別：30代後半・男性

- 産休や育休などの制度も整っており，女性は働きやすいと思います。
- 産前産後，育児休暇などは申請すれば必ず取得できます。
- 出産ギリギリまで働いて，産後落ち着いてから復帰する方もいます。
- 妊娠が発覚した時点で体に負担のない仕事内容に変更されることも。

▶ 今後の展望

職種：法人営業　　年齢・性別：30代後半・男性

・ 時代遅れの戦略や使いづらいシステム導入など無駄が多いため，今後，東京本社主導で事業の再建が進められると思われます。
・ ビジネスモデルが崩壊しているのに今だ営業スタイルを変えません。
・ 今後業績は向上すると思いますが，給与は下がっていくでしょう。

職種：経理　　年齢・性別：50代後半・男性

・ 年功序列を廃し，成果主義が導入されています。
・ 成果主義が向かないポジションもあるため評価が難しい場合も。
・ 現在若い社員の給料が思ったほど上がっていないのも問題です。
・ 今後，思い切った人事制度改革が迫られると思います。

職種：経理　　年齢・性別：50代後半・男性

・ 有給休暇は取りやすく，女性が働きがいのある部門もあります。
・ 結婚，出産，育児にはまだ厳しい環境だといえます。
・ 男女雇用均等法は会社には好都合ですが女性には厳しい制度です。
・ 労働条件については，きめ細やかに整備されることが期待されます。

職種：経理　　年齢・性別：50代後半・男性

・ 設立当初は健康保険組合もなく，長時間労働も当たり前でしたが，4つの理念を掲げながら，上場後も躍進に躍進を重ねてきました。
・ 震災時にも自社の理念を実践するスタッフの姿に感慨一入でした。
・ 教育システムの徹底により，更なる飛躍が可能だと感じています。

エンタメ・レジャー業界　国内企業リスト（一部抜粋）

会社名	本社住所
株式会社西武ホールディングス	埼玉県所沢市くすのき台一丁目 11 番地の 1
株式会社第一興商	東京都品川区北品川 5-5-26
リゾートトラスト株式会社	名古屋市中区東桜 2-18-31
株式会社アコーディア・ゴルフ	東京都渋谷区渋谷 2 丁目 15 番 1 号
株式会社ラウンドワン	大阪府堺市堺区戎島町四丁 45 番地 1 堺駅前ポルタスセンタービル
株式会社東京ドーム	東京都文京区後楽 1 丁目 3 番 61 号
PGM ホールディングス株式会社	東京都港区高輪一丁目 3 番 13 号 NBF 高輪ビル
株式会社サンリオ	東京都品川区大崎 1-11-1 ゲートシティ大崎（ウエストタワー 14F）
東急不動産株式会社	東京都渋谷区道玄坂 1-21-2
常磐興産株式会社	福島県いわき市常磐藤原町蕨平 50 番地
シダックス株式会社	東京都渋谷区神南一丁目 12 番 13 号
株式会社イオンファンタジー	千葉県千葉市美浜区中瀬 1 丁目 5 番地 1
株式会社コシダカ ホールディングス	群馬県前橋市大友町一丁目 5-1
株式会社 AOKI ホールディングス	横浜市都筑区茅ヶ崎中央 24 番 1 号
株式会社東急レクリエーション	東京都渋谷区桜丘町 2 番 9 号 カスヤビル 6 階 7 階
富士急行株式会社	山梨県富士吉田市新西原 5 丁目 2 番 1 号
リゾートソリューション株式会社	東京都新宿区西新宿 6 丁目 24 番 1 号 西新宿三井ビルディング 12 階
アドアーズ株式会社	東京都港区虎ノ門 1 丁目 7 番 12 号 虎ノ門ファーストガーデン 9F
株式会社よみうりランド	東京都稲城市矢野口 4015 番地 1
東京都競馬株式会社	東京都大田区大森北一丁目 6 番 8 号
株式会社明治座	東京都中央区日本橋浜町 2-31-1

会社名	本社住所
株式会社ゲオディノス	北海道札幌市中央区南 3 条西 1 丁目 8 番地
遠州鉄道株式会社	浜松市中区旭町 12-1
藤田観光株式会社	東京都文京区関口 2-10-8
株式会社極楽湯	東京都千代田区麹町二丁目 4 番地 麹町鶴屋八幡ビル 6 階
株式会社鉄人化計画	東京都目黒区八雲一丁目 4 番 6 号
株式会社ウチヤマ ホールディングス	北九州市小倉北区熊本 2 丁目 10 番 10 号 内山第 20 ビル 1F
株式会社ランシステム	東京都豊島区池袋 2 丁目 43-1　池袋青柳ビル 3F
グリーンランドリゾート株式会社	熊本県荒尾市下井手 1616
名古屋競馬株式会社	愛知県名古屋市緑区大将ヶ根一丁目 2818 番地
株式会社御園座	名古屋市中区栄一丁目 10 番 5 号
株式会社メディアクリエイト	静岡県沼津市筒井町 4-2
株式会社 A.C ホールディングス	東京都港区芝大門一丁目 2 番 1 号　大門 KS ビル
株式会社横浜スタジアム	横浜市中区横浜公園
ソーシャル・エコロジー・ プロジェクト株式会社	東京都港区南青山 1-11-45
朝日観光株式会社	長野県塩尻市広丘野村 1610-4
株式会社大阪国際会議場	大阪市北区中之島 5 丁目 3 番 51 号
北陸観光開発株式会社	石川県加賀市新保町ト－ 1
株式会社歌舞伎座	東京都中央区銀座四丁目 12 番 15 号
株式会社明智ゴルフ倶楽部	岐阜県恵那市明智町吉良見 980-2
株式会社山田クラブ 21	東京都渋谷区渋谷 2 丁目 10 番 6 号
株式会社千葉カントリー倶楽部	千葉県野田市蕃昌 4
株式会社宍戸国際ゴルフ倶楽部	東京都港区虎ノ門 3 丁目 7 番 7 号

会社名	本社住所
株式会社可児ゴルフ倶楽部	可児市久々利向平 221-2
株式会社房総カントリークラブ	千葉県長生郡睦沢町妙楽寺字直沢 2300 番地
株式会社武蔵カントリー倶楽部	埼玉県入間市大字小谷田 961
三和プランニング株式会社	東京都中央区日本橋 2-8-6 SHIMA 日本橋ビル 7 階
株式会社花屋敷ゴルフ倶楽部	兵庫県三木市吉川町上荒川字松ケ浦 713 − 1
株式会社大利根カントリー倶楽部	茨城県坂東市下出島 10
株式会社セントクリーク ゴルフクラブ	愛知県豊田市月原町黒木 1-1
株式会社中山カントリークラブ	東京都千代田区神田錦町 3 丁目 13 番地 7
株式会社日高カントリー倶楽部	埼玉県日高市高萩 1203
株式会社東松山カントリークラブ	埼玉県東松山市大谷 1111
株式会社エイチ・アイ・エス	東京都新宿区西新宿 6-8-1 新宿オークタワー 29 階
株式会社農協観光	東京都千代田区外神田一丁目 16 番 8 号 N ツアービル
株式会社ユーラシア旅行社	東京都千代田区平河町 2-7-4 砂防会館別館 4F
株式会社一休	東京都港区赤坂 3-3-3 住友生命赤坂ビル 8F
株式会社ニッコウトラベル	東京都中央区京橋 1-1-1 八重洲ダイビル 2 階
東京テアトル株式会社	東京都中央区銀座 1-16-1
株式会社創通	東京都港区浜松町 2-4-1 世界貿易センタービル 26F
株式会社オーエス	大阪市西成区南津守 6 丁目 5 番 53 号 オーエス大阪ビル
中日本興業株式会社	名古屋市中村区名駅四丁目 7 番 1 号 ミッドランドスクエア 15F
株式会社きんえい	大阪市阿倍野区阿倍野筋 1 丁目 5 番 1 号
株式会社東京楽天地	東京都墨田区江東橋 4-27-14
スバル興業株式会社	東京都千代田区有楽町一丁目 10 番 1 号

会社名	本社住所
静活株式会社	静岡県静岡市葵区七間町 8 番地の 20 毎日江崎ビル 5F
武蔵野興業 株式会社	東京都新宿区新宿三丁目 27 番 10 号
株式会社東京臨海 ホールディングス	東京都江東区青海二丁目 5 番 10 号
株式会社東京国際フォーラム	東京都千代田区丸の内三丁目 5 番 1 号 東京国際フォーラム 11 階
株式会社クリエイティブマン プロダクション	渋谷区神宮前 6-19-20 第 15 荒井ビル 8F
ソワード株式会社	鹿児島市西千石町 14-10-101
清水興業 株式会社	広島県広島市南区的場町二丁目 1 番 15 号 清水観光ビル
株式会社ムーヴ	大阪市中央区淡路町 4-5-4　京音ビル 3 階
株式会社キョードー東北	宮城県仙台市青葉区一番町 4-6-1 仙台第一生命タワービルディング 16F
株式会社キョードー東京	東京都港区北青山 3-6-18 共同ビル
株式会社キョードー大阪	大阪市北区中之島 2-3-18 中之島フェスティバルタワー 3F
株式会社キョードー西日本	福岡市中央区天神 2-8-41　福岡朝日会館 8F
株式会社キョードー横浜	神奈川県横浜市中区本町 4 丁目 40
株式会社キョードー北陸	新潟県新潟市中央区天神 1 丁目 12-8 LEXN B 7 階
株式会社キョードー東海	名古屋市中区錦 3-15-15 CTV 錦ビル 7F
株式会社キョードー札幌	札幌市中央区大通西 7 丁目ダイヤビル 10 階
株式会社 テツ コーポレーション	名古屋市東区葵一丁目 7-17
株式会社宮地商会	東京都千代田区神田小川町 1-4
協愛株式会社	大阪市北区西天満 3 丁目 8 番 20 号　協愛ビル
株式会社エスエルディー	東京都渋谷区桜丘町 22-14 NES ビル N 棟 1F
株式会社遊楽	埼玉県さいたま市浦和区高砂 2-8-16
サントリーパブリシティサービス 株式会社	東京都千代田区永田町 2-13-5 赤坂エイトワンビル 3F

会社名	本社住所
株式会社ビーコム	神奈川県横浜市中区羽衣町 1 丁目 1 番 1 号
株式会社タツミコーポレーション	兵庫県明石市松の内 2 丁目 3-9 親和ビル 5F
株式会社延田エンタープライズ	大阪市中央区心斎橋筋 2-1-6
株式会社太陽グループ	札幌市中央区南 1 条西 4 丁目 4 番地 1
株式会社キャスブレーン	神奈川県横浜市鶴見区鶴見中央 3-4-25
株式会社パラッツォ 東京プラザグループ	東京都新宿区西新宿 6 丁目 8 番 1 号
株式会社マルハン	京都市上京区出町今出川上る青龍町 231
株式会社コンチェルト	東京都豊島区東池袋 3-1-1　サンシャイン 60　37F
株式会社ウエルネスサプライ	大阪市西区北堀江 2 丁目 1 番 11 号 久我ビル北館 9F
株式会社オーエンス	東京都中央区築地 4-1-17　銀座大野ビル 9F
株式会社札幌ドーム	札幌市豊平区羊ケ丘 1 番地（札幌ドーム内）
株式会社ナゴヤドーム	名古屋市東区大幸南一丁目 1 番 1 号
株式会社 大阪シティドーム	大阪市西区千代崎 3 丁目中 2 番 1 号
神戸ウイングスタジアム株式会社	神戸市兵庫区御崎町 1 丁目 2 番地 2
株式会社ダイナム	東京都荒川区西日暮里 2-27-5
株式会社ガイア	東京都中央区日本橋横山町 7-18
長島商事株式会社	鹿児島市与次郎一丁目 6 番 14 号

第3章

就職活動のはじめかた

入りたい会社は決まった。しかし「就職活動とはそもそ
も何をしていいのかわからない」「どんな流れで進むか
わからない」という声は意外と多い。ここでは就職活
動の一般的な流れや内容，対策について解説していく。

▶就職活動のスケジュール

3月	**4月**	**6月**

就職活動スタート

> 2025年卒の就活スケジュールは,経団連と政府を中心に議論され,2024年卒の採用選考スケジュールから概ね変更なしとされている。

エントリー受付・提出

OB・OG訪問

> 企業の説明会には積極的に参加しよう。独自の企業研究だけでは見えてこなかった新たな情報を得る機会であるとともに,モチベーションアップにもつながる。また,説明会に参加した者だけに配布する資料などもある。

合同企業説明会　　**個別企業説明会**

筆記試験・面接試験等始まる（3月～）

内々定（大手企業）

2月末までにやっておきたいこと

就職活動が本格化する前に,以下のことに取り組んでおこう。
　◎自己分析　◎インターンシップ　◎筆記試験対策
　◎業界研究・企業研究　◎学内就職ガイダンス
自分が本当にやりたいことはなにか,自分の能力を最大限に活かせる会社はどこか。自己分析と企業研究を重ね,それを文章などにして明確にしておき,面接時に最大限に活用できるようにしておこう。

7月	**8**月	**10**月

中 小 企 業 採 用 本 格 化

内定者の数が採用予定数に満たない企業，1年を通して採用を継続している企業，夏休み以降に採用活動を実施企業（後期採用）は採用活動を継続して行っている。大企業でも後期採用を行っていることもあるので，企業から内定が出ても，納得がいかなければ継続して就職活動を行うこともある。

中小企業の採用が本格化するのは大手企業より少し遅いこの時期から。HPなどで採用情報をつかむとともに，企業研究も怠らないようにしよう。

内々定とは10月1日以前に通知（電話等）されるもの。内定に関しては現在協定があり，10月1日以降に文書等にて通知される。

内々定（中小企業）

内定式（10月〜）

どんな人物が求められる？

多くの企業は，常識やコミュニケーション能力があり，社会のできごとに高い関心を持っている人物を求めている。これは「会社の一員として将来の企業発展に寄与してくれるか」という視点に基づく，もっとも普遍的な選考基準だ。もちろん，「自社の志望を真剣に考えているか」「自社の製品，サービスにどれだけの関心を向けているか」という熱意の部分も重要な要素になる。

就活ロールプレイ！

内定までの道のりは，大きく分けると以下のようになる。

自　己　分　析

企　業　研　究

エントリーシート・筆記試験・面接

内　　定

01　まず自己分析からスタート

　就職活動とは，「企業に自分を PR すること」。自分自身の興味，価値観に加えて，強み・能力という要素が加わって，初めて企業側に「自分が働いたら，こういうポイントで貢献できる」と自分自身を売り込むことができるようになる。

■自分の来た道を振り返る

　自己分析をするための第一歩は，「振り返ってみる」こと。

　小学校，中学校など自分のいた“場”ごとに何をしたか（部活動など），何を学んだか，交友関係はどうだったか，興味のあったこと，覚えている印象的なことを書き出してみよう。

■テストを受けてみる

　“自分では気がついていない能力”を客観的に検査してもらうことで，自分に向いている職種が見えてくる。下記の5種類が代表的なものだ。

①職業適性検査　　②知能検査　　③性格検査

④職業興味検査　　⑤創造性検査

■先輩や専門家に相談してみる

　就職活動をするうえでは，“いかに他人に自分のことをわかってもらうか”が重要なポイント。他者の視点で自分を分析してもらうことで，より客観的な視点で自己PRができるようになる。

自己分析の流れ

❏過去の経験を書いてみる

❏現在の自己イメージを明確にする…行動，考え方，好きなものなど。

❏他人から見た自分を明確にする

❏将来の自分を明確にしてみる…どのような生活をおくっていたいか。期待，夢，願望。なりたい自分はどういうものか，掘り下げて考える。→自己分析結果を，志望動機につなげていく。

01　企業の絞り込み

志望企業の絞り込みについての考え方は大きく分けて2つある。

第1は，同一業種の中で1次候補，2次候補……と絞り込んでいく方法。

第2は，業種を1次，2次，3次候補と変えながら，それぞれに2社程度ずつ絞り込んでいく方法。

第1の方法では，志望する同一業種の中で，一流企業，中堅企業，中小企業，縁故などがある歯止めの会社……というふうに絞り込んでいく。

第2の方法では，自分が最も望んでいる業種，将来好きになれそうな業種，発展性のある業種，安定性のある業種，現在好況な業種……というふうに区別して，それぞれに適当な会社を絞り込んでいく。

02　情報の収集場所

・キャリアセンター

・新聞

・インターネット

・企業情報

『就職四季報』（東洋経済新報社刊），『日経会社情報』（日本経済新聞社刊）などの企業情報。この種の資料は本来"株式市場"についての資料だが，その時期の景気動向を含めた情報を仕入れることができる。

・経済雑誌

『ダイヤモンド』（ダイヤモンド社刊）や『東洋経済』（東洋経済新報社刊），『エコノミスト』（毎日新聞出版刊）など。

・OB・OG／社会人

①成長力

まず"売上高"。次に資本力の問題や利益率などの比率。いくら資本金があっても、それを上回る膨大な借金を抱えていて、いくら稼いでも利払いに追われまくるようでは、成長できないし、安定できない。

成長力を見るには自己資本率を割り出してみる。自己資本を総資本で割って100を掛けると自己資本率がパーセントで出てくる。自己資本の比率が高いほうが成長力もあり安定度も高い。

利益率は純利益を売上高で割って100を掛ける。利益率が高ければ、企業はどんどん成長するし、社員の待遇も上昇する。利益率が低いということは、仕事がどんなに忙しくても利益にはつながらないということになる。

②技術力

技術力は、短期的な見方と長期的な展望が必要になってくる。研究部門が適切な規模か、大学など企業外の研究部門との連絡があるか、先端技術の分野で開発を続けているかどうかなど。

③経営者と経営形態

会社が将来、どのような発展をするか、または衰退するかは経営者の経営哲学、経営方針によるところが大きい。社長の経歴を知ることも必要。創始者の息子、孫といった親族が社長をしているのか、サラリーマン社長か、官庁などからの天下りかということも大切なチェックポイント。

④社風

社風というのは先輩社員から後輩社員に伝えられ、教えられるもの。社風もいろいろな面から必ずチェックしよう。

⑤安定性

企業が成長しているか、安定しているかということは車の両輪。どちらか片方の回転が遅くなっても企業はバランスを失う。安定し、しかも成長する。これが企業として最も理想とするところ。

⑥待遇

初任給だけを考えてみても、それが手取りなのか、基本給なのか。基本給というのはボーナスから退職金、定期昇給の金額にまで響いてくる。また、待遇というのは給与ばかりではなく、福利厚生施設でも大きな差が出てくる。

■そのほかの会社比較の基準

1. ゆとり度

休暇制度は，企業によって独自のものを設定しているところもある。「長期休暇制度」といったものなどの制定状況と，また実際に取得できているかどうかも調べたい。

2. 独身寮や住宅設備

最近では，社宅は廃止し，住宅手当を多く出すという流れもある。寮や社宅についての福利厚生は調べておく。

3. オフィス環境

会社に根づいた慣習や社員に対する考え方が，意外にオフィスの設備やレイアウトに表れている場合がある。

たとえば，個人の専有スペースの広さや区切り方，パソコンなどOA機器の設置状況，上司と部下の机の配置など，会社によってずいぶん違うもの。玄関ロビーや受付の様子を観察するだけでも，会社ごとのカラーや特徴がどこかに見えてくる。

4. 勤務地

転勤はイヤ，どうしても特定の地域で生活していきたい。そんな声に応えて，最近は流通業などを中心に，勤務地限定の雇用制度を取り入れる企業も増えている。

---

column　初任給では分からない本当の給与

会社の給与水準には「初任給」「平均給与」「平均ボーナス」「モデル給与」など，判断材料となるいくつかのデータがある。これらのデータからその会社の給料の優劣を判断するのは非常に難しい。

たとえば中小企業の中には，初任給が飛び抜けて高い会社がときどきある。しかしその後の昇給率は大きくないのがほとんど。

一方，大手企業の初任給は業種間や企業間の差が小さく，ほとんど横並びと言っていい。そこで，「平均給与」や「平均ボーナス」などで将来の予測をするわけだが，これは一応の目安とはなるが，個人差があるので正確とは言えない。

04 就職ノートの作成

■決定版「就職ノート」はこう作る

　1冊にすべて書き込みたいという人には，ルーズリーフ形式のノートがお勧め。会社研究，スケジュール，時事用語，OB／OG訪問，切り抜きなどの項目を作りインデックスをつける。

　カレンダー，説明会，試験などのスケジュール表を貼り，とくに会社別の説明会，面談，書類提出，試験の日程がひと目で分かる表なども作っておく。そして見開き2ページで1社を載せ，左ページに企業研究，右ページには志望理由，自己PRなどを整理する。

就職ノートの主なチェック項目

❏企業研究…資本金，業務内容，従業員数など基礎的な会社概要から，過去の採用状況，業務報告などのデータ

❏採用試験メモ…日程，条件，提出書類，採用方法，試験の傾向など

❏店舗・営業所見学メモ…流通関係，銀行などの場合は，客として訪問し，商品（値段，使用価値，ユーザーへの配慮），店員（接客態度，商品知識，熱意，親切度），店舗（ショーケース，陳列の工夫，店内の清潔さ）などの面をチェック

❏OB／OG訪問メモ…OB／OGの名前，連絡先，訪問日時，面談場所，質疑応答のポイント，印象など

❏会社訪問メモ…連絡先，人事担当者名，会社までの交通機関，最寄り駅からの地図，訪問のときに得た情報や印象，訪問にいたるまでの経過も記入

05 「OB／OG訪問」

　「OB／OG訪問」は，実際は採用予備選考開始。まず，OB／OG訪問を希望したら，大学のキャリアセンター，教授などの紹介で，志望企業に勤める先輩の手がかりをつかむ。もちろん直接電話なり手紙で，自分の意向を会社側に伝えてもいい。自分の在籍大学，学部をはっきり言って，「先輩を紹介していただけないでしょうか」と依頼しよう。

参考 ▶ OB／OG訪問時の質問リスト例

●採用について
　・成績と面接の比重　　　　　　　・評価のポイント
　・採用までのプロセス（日程）　　・筆記試験の傾向と対策
　・面接は何回あるか　　　　　　　・コネの効力はどうか
　・面接で質問される事項　etc.

●仕事について
　・内容（入社10年, 20年のOB/OG）　・新入社員の仕事
　・希望職種につけるのか　　　　　　・やりがいはどうか
　・残業，休日出勤，出張など　　　　・同業他社と比較してどうか　etc.

●社風について
　・社内のムード　　　　　　　　　・上司や同僚との関係
　・仕事のさせ方　etc.

●待遇について
　・給与について　　　　　　　　　・福利厚生の状態
　・昇進のスピード　　　　　　　　・離職率について　etc.

インターンシップとは，学生向けに企業が用意している「就業体験」プログラム。ここで学生はさまざまな企業の実態をより深く知ることができ，その後の就職活動において自己分析，業界研究，職種選びなどに活かすことができる。また企業側にとっても有能な学生を発掘できるというメリットがあるため，導入する企業は増えている。

インターンシップ参加が採用につながっているケースもあるため，たくさん参加してみよう。

column コネを利用するのも１つの手段？

コネを活用できるのは，以下のような場合である。

・企業と大学に何らかの「連絡」がある場合

企業の新卒採用の場合，特定校・指定校が決められていることもある。企業側が過去の実績などに基づいて決めており，大学の力が大きくものをいう。

とくに理工系では，指導教授や研究室と企業との連絡が密接な場合が多く，教授の推薦が有利であることは言うまでもない。同じ大学出身の先輩とのコネも，この部類に区分できる。

・志望企業と「関係」ある人と関係がある場合

一般的に言えば，志望企業の取り引き先関係からの紹介というのが一番多い。ただし，年間億単位の実績が必要で，しかも部長・役員以上につながっていなければコネがあるとは言えない。

・志望企業と何らかの「親しい関係」がある場合

志望企業に勤務したりアルバイトをしていたことがあるという場合。インターンシップもここに分類される。職場にも馴染みがあり人間関係もできているので，就職に際してきわめて有利。

・志望会社に関係する人と「縁故」がある場合

縁故を「血縁関係」とした場合，日本企業ではこのコネはかなり有効なところもある。ただし，血縁者が同じ会社にいるというのは不都合なことも多いので，どの企業も慎重。

1. 受付の様子

受付事務がテキパキとしていて，分かりやすいかどうか。社員の態度が親切で誠意が伝わってくるかどうか。

こういった受付の様子からでも，その会社の社員教育の程度や，新入社員採用に対する熱意とか期待を推し測ることができる。

2. 控え室の様子

控え室が2カ所以上あって，国立大学と私立大学の訪問者とが，別々に案内されているようなことはないか。また，面談の順番を意図的に変えているようなことはないか。これはよくある例で，すでに大半は内定しているということを意味する場合が多い。

3. 社内の雰囲気

社員の話し方，その内容を耳にはさむだけでも，社風が伝わってくる。

4. 面談の様子

何時間も待たせたあげくに，きわめて事務的に，しかも投げやりな質問しかしないような採用担当者である場合，この会社は人事が適正に行われていないということだから，一考したほうがよい。

参考 ▶ **説明会での質問項目**

・質問内容が抽象的でなく，具体性のあるものかどうか。

・質問内容は，現在の社会・経済・政治などの情況を踏まえた，
　大学生らしい高度で専門性のあるものか。

・質問をするのはいいが，「それでは，あなたの意見はどうか」と
　逆に聞かれたとき，自分なりの見解が述べられるものであるか。

　提出する書類は6種類。①〜③が大学に申請する書類，④〜⑥が自分で書く書類だ。大学に申請する書類は一度に何枚も入手しておこう。

- ①「卒業見込証明書」
- ②「成績証明書」
- ③「健康診断書」
- ④「履歴書」
- ⑤「エントリーシート」
- ⑥「会社説明会アンケート」

■自分で書く書類は「自己PR」

　第1次面接に進めるか否かは「自分で書く書類」の出来にかかっている。「履歴書」と「エントリーシート」は会社説明会に行く前に準備しておくもの。「会社説明会アンケート」は説明会の際に書き，その場で提出する書類だ。

01 履歴書とエントリーシートの違い

　Webエントリーを受け付けている企業に資料請求をすると，資料と一緒に「エントリーシート」が送られてくるので，応募サイトのフォームやメールでエントリーシートを送付する。Webエントリーを行っていない企業には，ハガキやメールで資料請求をする必要があるが，「エントリーシート」は履歴書とは異なり，企業が設定した設問に対して回答するもの。すなわちこれが「1次試験」であり，これにパスをした人だけが会社説明会に呼ばれる。

■字はていねいに

　字を書くところから，その企業に対する"本気度"は測られている。

■誤字，脱字は厳禁

　使用するのは，黒のインク。

■修正液使用は不可

■数字は算用数字

■自分の広告を作るつもりで書く

　自分はこういう人間であり，何がしたいかということを簡潔に書く。メリットになることだけで良い。自分に損になるようなことを書く必要はない。

■「やる気」を示す具体的なエピソードを

　「私はやる気があります」「私は根気があります」という抽象的な表現だけではNG。それを示すエピソードのようなものを書かなくては意味がない。

Point

> 自己紹介欄の項目はすべて「自己PR」。自分はこういう人間であることを印象づけ，それがさらに企業への「志望動機」につながっていくような書き方をする。

---

column　履歴書やエントリーシートは，共通でもいい？

　「履歴書」や「エントリーシート」は企業によって書き分ける。業種はもちろん，同じ業界の企業であっても求めている人材が違うからだ。各書類は提出前にコピーを取り，さらに出した企業名を忘れずに書いておくことも大切だ。

履歴書記入のPoint

写真	スナップ写真は不可。 スーツ着用で,胸から上の物を使用する。ポイントは「清潔感」。 氏名・大学名を裏書きしておく。
日付	郵送の場合は投函する日,持参する場合は持参日の日付を記入する。
生年月日	西暦は避ける。元号を省略せずに記入する。
氏名	戸籍上の漢字を使う。印鑑押印欄があれば忘れずに押す。
住所	フリガナ欄がカタカナであればカタカナで,平仮名であれば平仮名で記載する。
学歴	最初の行の中央部に「学□□歴」と2文字程度間隔を空けて,中学校卒業から大学（卒業・卒業見込み）まで記入する。 中途退学の場合は,理由を簡潔に記載する。留年は記入する必要はない。 職歴がなければ,最終学歴の一段下の行の右隅に,「以上」と記載する。
職歴	最終学歴の一段下の行の中央部に「職□□歴」と2文字程度間隔を空け記入する。 「株式会社」や「有限会社」など,所属部門を省略しないで記入する。 「同上」や「〃」で省略しない。 最終職歴の一段下の行の右隅に,「以上」と記載する。
資格・免許	4級以下は記載しない。学習中のものも記載して良い。 「普通自動車第一種運転免許」など,省略せずに記載する。
趣味・特技	具体的に（例：読書でもジャンルや好きな作家を）記入する。
志望理由	その企業の強みや良い所を見つけ出したうえで,「自分の得意な事」がどう活かせるかなどを考えぬいたものを記入する。
自己PR	応募企業の事業内容や職種にリンクするような,自分の経験やスキルなどを記入する。
本人希望欄	面接の連絡方法,希望職種・勤務地などを記入する。「特になし」や空白はNG。
家族構成	最初に世帯主を書き,次に配偶者,それから家族を祖父母,兄弟姉妹の順に。続柄は,本人から見た間柄。兄嫁は,義姉と書く。
健康状態	「良好」が一般的。

エントリーシートの記入

01 エントリーシートの目的

・応募者を，決められた採用予定者数に絞り込むこと

・面接時の資料にする

の2つ。

■知りたいのは職務遂行能力

採用担当者が学生を見る場合は，「こいつは与えられた仕事をこなせるかどうか」という目で見ている。企業に必要とされているのは仕事をする能力なのだ。

Point

質問に忠実に，"自分がいかにその会社の求める人材に当てはまるか"を
丁寧に答えること。

02 効果的なエントリーシートの書き方

■情報を伝える書き方

課題をよく理解していることを相手に伝えるような気持ちで書く。

■文章力

大切なのは全体のバランスが取れているか。書く前に，何をどれくらいの字数で収めるか計算しておく。

「起承転結」でいえば，「起」は，文章を起こす導入部分。「承」は，起を受けて，その提起した問題に対して承認を求める部分。「転」は，自説を展開する部分。もっともオリジナリティが要求される。「結」は，最後の締めの結論部分。文章の構成・まとめる力で，総合的な能力が高いことをアピールする。

エントリーシートでよく取り上げられる題材と，その出題意図

エントリーシートで求められるものは，「自己PR」「志望動機」「将来どうなりたいか（目指すこと）」の3つに大別される。

1.「自己PR」

自己分析にしたがって作成していく。重要なのは，「なぜそうしようと思ったか？」「○○をした結果，何が変わったのか？何を得たのか？」という"連続性"が分かるかどうかがポイント。

2.「志望動機」

自己PRと一貫性を保ち，業界志望理由と企業志望理由を差別化して表現するように心がける。志望する業界の強みと弱み，志望企業の強みと弱みの把握は基本。

3.「将来の展望」

どんな社員を目指すのか，仕事へはどう臨もうと思っているか，目標は何か，などが問われる。仕事内容を事前に把握しておくだけでなく，5年後の自分，10年後の自分など，具体的な将来像を描いておくことが大切。

表現力，理解力のチェックポイント

❏文法，語法が正しいかどうか
❏論旨が論理的で一貫しているかどうか
❏1センテンスが簡潔かどうか
❏表現が統一されているかどうか（「です，ます」調か「だ，である」調か）

01 個人面接

●自由面接法

　面接官と受験者のキャラクターやその場の雰囲気，質問と応答の進行具合などによって雑談形式で自由に進められる。

●標準面接法

　自由面接法とは逆に，質問内容や評価の基準などがあらかじめ決まっている。実際には自由面接法と併用で，おおまかな質問事項や判定基準，評価ポイントを決めておき，質疑応答の内容上の制限を緩和しておくスタイルが一般的。1次面接などでは標準面接法をとり，2次以降で自由面接法をとる企業も多い。

●非指示面接法

　受験者に自由に発言してもらい，面接官は話題を引き出したりするときなど，最小限の質問をするという方法。

●圧迫面接法

　わざと受験者の精神状態を緊張させ，受験者がどのような応答をするかを観察し，判定する。受験者は，冷静に対応することが肝心。

02 集団面接

　面接の方法は個人面接と大差ないが，面接官がひとつの質問をして，受験者が順にそれに答えるという方法と，面接官が司会役になって，座談会のような形式で進める方法とがある。

　座談会のようなスタイルでの面接は，なるべく受験者全員が関心をもっているような話題を取りあげ，意見を述べさせるという方法。この際，司会役以外の面接官は一言も発言せず，判定・評価に専念する。

03 グループディスカッション

　グループディスカッション（以下，GD）の時間は30〜60分程度，1グループの人数は5〜10人程度で，司会は面接官が行う場合や，時間を決めて学生が交替で行うことが多い。面接官は内容については特に指示することはなく，受験者がどのようにGDを進めるかを観察する。

　評価のポイントは，全体的には理解力，表現力，指導性，積極性，協調性など，個別的には性格，知識，適性などが観察される。

　GDの特色は，集団の中での個人ということで，受験者の能力がどの程度のものであるか，また，どのようなことに向いているかを判定できること。受験者は，グループの中における自分の位置を面接官に印象づけることが大切だ。

グループディスカッション方式の面接におけるチェックポイント

- ❏全体の中で適切な論点を提供できているかどうか。
- ❏問題解決に役立つ知識を持っているか，また提供できているかどうか。
- ❏もつれた議論を解きほぐし，的はずれの議論を元に引き戻す努力をしているかどうか。
- ❏グループ全体としての目標をいつも考えているかどうか。
- ❏感情的な対立や攻撃をしかけているようなことはないか。
- ❏他人の意見に耳を傾け，よい意見には賛意を表し，それを全体に推し広げようという寛大さがあるかどうか。
- ❏議論の流れを自然にリードするような主導性を持っているかどうか。
- ❏提出した意見が議論の進行に大きな影響を与えているかどうか。

04 面接時の注意点

●控え室

　控え室には，指定された時間の15分前には入室しよう。そこで担当の係から，面接に際しての注意点や手順の説明が行われるので，疑問点は積極的に聞くようにし，心おきなく面接にのぞめるようにしておこう。会社によっては，所定のカードに必要事項を書き込ませたり，お互いに自己紹介をさせたりする場合もある。また，この控え室での行動も細かくチェックして，合否の資料にしている会社もある。

●入室・面接開始

　係員がドアの開閉をしてくれる場合もあるが，それ以外は軽くノックして入室し，必ずドアを閉める。そして入口近くで軽く一礼し，面接官か補助員の「どうぞ」という指示で正面の席に進み，ここで再び一礼をする。そして，学校名と氏名を名のって静かに着席する。着席時は，軽く椅子にかけるようにする。

●面接終了と退室

　面接の終了が告げられたら，椅子から立ち上がって一礼し，椅子をもとに戻して，面接官または係員の指示を受けて退室する。

　その際も，ドアの前で面接官のほうを向いて頭を下げ，静かにドアを開閉する。控え室に戻ったら，係員の指示を受けて退社する。

05 面接試験の評定基準

●協調性

　企業という「集団」では，他人との協調性が特に重視される。

　感情や態度が円満で調和がとれていること，極端に好悪の情が激しくなく，物事の見方や考え方が穏健で中立であることなど，職場での人間関係を円滑に進めていくことのできる人物かどうかが評価される。

●話し方

　外観印象的には，言語の明瞭さや応答の態度そのものがチェックされる。小さな声で自信のない発言，乱暴野卑な発言は減点になる。

　考えをまとめたら，言葉を選んで話すくらいの余裕をもって，真剣に応答しようとする姿勢が重視される。軽率な応答をしたり，まして発言に矛盾を指摘されるような事態は極力避け，もしそのような状況になりそうなときは，自分の非を認めてはっきりと謝るような態度を示すべき。

●好感度

　実社会においては，外観による第一印象が，人間関係や取引に大きく影響を及ぼす。

　「フレッシュな爽やかさ」に加え，入社志望など，自分の意思や希望をより明確にすることで，強い信念に裏づけられた姿勢をアピールできるよう努力したい。

●判断力

何を質問されているのか，何を答えようとしているのか，常に冷静に判断していく必要がある。

●表現力
　話に筋道が通り理路整然としているか，言いたいことが簡潔に言えるか，話し方に抑揚があり聞く者に感銘を与えるか，用語が適切でボキャブラリーが豊富かどうか。

●積極性
　活動意欲があり，研究心旺盛であること，進んで物事に取り組み，創造的に解決しようとする意欲が感じられること，話し方にファイトや情熱が感じられること，など。

●計画性
　見通しをもって順序よく合理的に仕事をする性格かどうか，またその能力の有無。企業の将来性のなかに，自分の将来をどうかみ合わせていこうとしているか，現在の自分を出発点として，何を考え，どんな仕事をしたいのか。

●安定性
　情緒の安定は，社会生活に欠くことのできない要素。自分自身をよく知っているか，他の人に流されない信念をもっているか。

●誠実性
　自分に対して忠実であろうとしているか，物事に対してどれだけ誠実な考え方をしているか。

●社会性
　企業は集団活動なので，自分の考えに固執したり，不平不満が多い性格は向かない。柔軟で適応性があるかどうか。

清潔感や明朗さ，若々しさといった外観面も重視される。

06 面接試験の質問内容

1. 志望動機
　受験先の概要や事業内容はしっかりと頭の中に入れておく。また，その企業の企業活動の社会的意義と，自分自身の志望動機との関連を明確にしておく。「安定している」「知名度がある」「将来性がある」といった利己的な動機，「自

分の性格に合っている」というような，あいまいな動機では説得力がない。安定性や将来性は，具体的にどのような企業努力によって支えられているのかという考察も必要だし，それに対する受験者自身の評価や共感なども問われる。

　①どうしてその業種なのか

　②どうしてその企業なのか

　③どうしてその職種なのか

　以上の①〜③と，自分の性格や資質，専門などとの関連性を説明できるようにしておく。

　自分がどうしてその会社を選んだのか，どこに大きな魅力を感じたのかを，できるだけ具体的に，情熱をもって語ることが重要。自分の長所と仕事の適性を結びつけてアピールし，仕事のやりがいや仕事に対する興味を述べるのもよい。

■複数の企業を受験していることは言ってもいい？

　同じ職種，同じ業種で何社かかけもちしている場合，正直に答えてもかまわない。しかし，「第一志望はどこですか」というような質問に対して，正直に答えるべきかどうかというと，やはりこれは疑問がある。どんな会社でも，他社を第一志望にあげられれば，やはり愉快には思わない。

　また，職種や業種の異なる会社をいくつか受験する場合も同様で，極端に性格の違う会社をあげれば，その矛盾を突かれるのは必至だ。

2. 仕事に対する意識・職業観

　採用試験の段階では，次年度の配属予定が具体的に固まっていない会社もかなりある。具体的に職種や部署などを細分化して募集している場合は別だが，そうでない場合は，希望職種をあまり狭く限定しないほうが賢明。どの業界においても，採用後，新入社員には，研修としてその会社の各セクションをひと通り経験させる企業は珍しくない。そのうえで，具体的な配属計画を検討するのだ。

　大切なことは，就職や職業というものを，自分自身の生き方の中にどう位置づけるか，また，自分の生活の中で仕事とはどういう役割を果たすのかを考えてみること。つまり自分の能力を活かしたい，社会に貢献したい，自分の存在価値を社会的に実現してみたい，ある分野で何か自分の力を試してみたい……，などの場合を考え，それを自分自身の人生観，志望職種や業種などとの関係を考えて組み立ててみる。自分の人生観をもとに，それを自分の言葉で表現できるようにすることが大切。

3. 自己紹介・自己PR

性格そのものを簡単に変えたり，欠点を克服したりすることは実際には難しいが，"仕方がない"という姿勢を見せることは禁物で，どんなささいなことでも，努力している面をアピールする。また一般的にいって，専門職を除けば，就職時になんらかの資格や技能を要求する企業は少ない。

　ただ，資格をもっていれば採用に有利とは限らないが，専門性を要する業種では考慮の対象とされるものもある。たとえば英検，簿記など。

　企業が学生に要求しているのは，4年間の勉学を重ねた学生が，どのように仕事に有用であるかということで，学生の知識や学問そのものを聞くのが目的ではない。あくまで，社会人予備軍としての謙虚さと素直さを失わないようにする。

　知識や学力よりも，その人の人間性，ビジネスマンとしての可能性を重視するからこそ，面接担当者は，学生生活全般について尋ねることで，書類だけでは分からない人間性を探ろうとする。

　何かうち込んだものや思い出に残る経験などは，その人の人間的な成長になんらかの作用を及ぼしているものだ。どんな経験であっても，そこから受けた印象や教訓などは，明確に答えられるようにしておきたい。

4. 一般常識・時事問題

　一般常識・時事問題については筆記試験の分野に属するが，面接でこうしたテーマがもち出されることも珍しくない。受験者がどれだけ社会問題に関心をもっているか，一般常識をもっているか，また物事の見方・考え方に偏りがないかなどを判定する。知識や教養だけではなく，一問一答の応答を通じて，その人の性格や適応能力まで判断されることになる。

07 面接に向けての事前準備

■面接試験1カ月前までには万全の準備をととのえる

●志望会社・職種の研究

　新聞の経済欄や経済雑誌などのほか，会社年鑑，株式情報など書物による研究をしたり，インターネットにあがっている企業情報や，検索によりさまざまな角度から調べる。すでにその会社へ就職している先輩や知人に会って知識を得たり，大学のキャリアセンターへ情報を求めるなどして総合的に判断する。

■専攻科目の知識・卒論のテーマなどの整理

大学時代にどれだけ勉強してきたか，専攻科目や卒論のテーマなどを整理しておく。

■時事問題に対する準備

毎日欠かさず新聞を読む。志望する企業の話題は，就職ノートに整理するなどもアリ。

面接当日の必需品

- ❏必要書類（履歴書，卒業見込証明書，成績証明書，健康診断書，推薦状）
- ❏学生証
- ❏就職ノート（志望企業ファイル）
- ❏印鑑，朱肉
- ❏筆記用具（万年筆，ボールペン，サインペン，シャープペンなど）
- ❏手帳，ノート
- ❏地図（訪問先までの交通機関などをチェックしておく）
- ❏現金（小銭も用意しておく）
- ❏腕時計（オーソドックスなデザインのもの）
- ❏ハンカチ，ティッシュペーパー
- ❏くし，鏡（女性は化粧品セット）
- ❏シューズクリーナー
- ❏ストッキング
- ❏折りたたみ傘（天気予報をチェックしておく）
- ❏携帯電話，充電器

■一般常識試験

> 社会人として企業活動を行ううえで最低限必要となる一般常識のほか，
> 英語，国語，社会(時事問題)，数学などの知識の程度を確認するもの。

　難易度はおおむね中学・高校の教科書レベル。一般常識の問題集を1冊やっておけばよいが，業界によっては専門分野が出題されることもあるため，必ず志望する企業のこれまでの試験内容は調べておく。

■一般常識試験の対策

・英語　慣れておくためにも，教科書を復習する，英字新聞を読むなど。

・国語　漢字，四字熟語，反対語，同音異義語，ことわざをチェック。

・時事問題　新聞や雑誌，テレビ，ネットニュースなどアンテナを張っておく。

■適性検査

　SPI（Synthetic Personality Inventory）試験（SPI3試験）とも呼ばれ，能力テストと性格テストを合わせたもの。

　能力テストでは国語能力を測る「言語問題」と，数学能力を測る「非言語問題」がある。言語的能力，知覚能力，数的能力のほか，思考・推理能力，記憶力，注意力などの問題で構成されている。

　性格テストは「はい」か「いいえ」で答えていく。仕事上の適性と性格の傾向などが一致しているかどうかをみる。

> SPIは職務への適応性を客観的にみるためのもの。

論作文の書き方

01 「論文」と「作文」

　一般に「論文」はあるテーマについて自分の意見を述べ，その論証をする文章で，必ず意見の主張とその論証という2つの部分で構成される。問題提起と論旨の展開，そして結論を書く。

　「作文」は，一般的には感想文に近いテーマ，たとえば「私の興味」「将来の夢」といったものがある。

　就職試験では「論文」と「作文」を合わせた"論作文"とでもいうようなものが出題されることが多い。

　論作文試験とは，「文章による面接」。テーマに書き手がどういう態度を持っているかを知ることが，出題の主な目的だ。受験者の知識・教養・人生観・社会観・職業観，そして将来への希望などが，どのような思考を経て，どう表現されているかによって，企業にとって，必要な人物かどうかを判断している。

　論作文の場合には，書き手の社会的意識や考え方に加え，「感銘を与える」働きが要求される。就職活動とは，企業に対し「自分をアピールすること」だということを常に念頭に置いておきたい。

Point

論文と作文の違い

	論　文	作　文
テーマ	学術的・社会的・国際的なテーマ。時事，経済問題など	個人的・主観的なテーマ。人生観，職業観など
表現	自分の意見や主張を明確に述べる。	自分の感想を述べる。
展開	四段型（起承転結）の展開が多い。	三段型（はじめに・本文・結び）の展開が多い。
文体	「だ調・である調」のスタイルが多い。	「です調・ます調」のスタイルが多い。

・テーマ

与えられた課題（テーマ）を，受験者はどのように理解しているか。

出題されたテーマの意義をよく考え，それに対する自分の意見や感情が，十分に整理されているかどうか。

・表現力

課題について本人が感じたり，考えたりしたことを，文章で的確に表しているか。

・字・用語・その他

かなづかいや送りがなが合っているか，文中で引用されている格言やことわざの類が使用法を間違えていないか，さらに誤字・脱字に至るまで，文章の基本的な力が受験者の人柄ともからんで厳密に判定される。

・オリジナリティ

魅力がある文章とは，オリジナリティを率直に出すこと。自分の感情や意見を，自分の言葉で表現する。

・生活態度

文章は，書き手の人格や人柄を映し出す。平素の社会的関心や他人との協調性，趣味や読書傾向はどうであるかといった，受験者の日常における生き方，生活態度がみられる。

・字の上手・下手

できるだけ読みやすい字を書く努力をする。また，制限字数より文章が長くなって原稿用紙の上下や左右の空欄に書き足したりすることは避ける。消しゴムで消す場合にも，丁寧に。

いずれの場合でも，表面的な文章力を問うているのではなく，受験者の人柄のほうを重視している。

マナーチェックリスト

就活において企業の人事担当は，面接試験やOG／OB訪問，そして面接試験において，あなたのマナーや言葉遣いといった，「常識力」をチェックしている。現在の自分はどのくらい「常識力」が身についているかをチェックリストで振りかえり，何ができて，何ができていないかを明確にしたうえで，今後の取り組みに生かしていこう。

評価基準　5：大変良い　4：やや良い　3：どちらともいえない　2：やや悪い　1：悪い

	項　目	評　価	メ　モ
挨拶	明るい笑顔と声で挨拶をしているか		
	相手を見て挨拶をしているか		
	相手より先に挨拶をしているか		
	お辞儀を伴った挨拶をしているか		
	直接の応対者でなくても挨拶をしているか		
表情	笑顔で応対しているか		
	表情に私的感情がでていないか		
	話しかけやすい表情をしているか		
	相手の話は真剣な顔で聞いているか		
身だしなみ	前髪は目にかかっていないか		
	髪型は乱れていないか／長い髪はまとめているか		
	髭の剃り残しはないか／化粧は健康的か		
	服は汚れていないか／清潔に手入れされているか		
	機能的で職業・立場に相応しい服装をしているか		
	華美なアクセサリーはつけていないか		
	爪は伸びていないか		
	靴下の色は適当か／ストッキングの色は自然な肌色か		
	靴の手入れは行き届いているか		
	ポケットに物を詰めすぎていないか		

	項　目	評　価	メ　モ
言葉遣い	専門用語を使わず，相手にわかる言葉で話しているか		
	状況や相手に相応しい敬語を正しく使っているか		
	相手の聞き取りやすい音量・速度で話しているか		
	語尾まで丁寧に話しているか		
	気になる言葉癖はないか		
動作	物の授受は両手で丁寧に実施しているか		
	案内・指し示し動作は適切か		
	キビキビとした動作を心がけているか		
心構え	勤務時間・指定時間の5分前には準備が完了しているか		
	心身ともに健康管理をしているか		
	仕事とプライベートの切替えができているか		

☑ 常に自己点検をするクセをつけよう

「人を表情やしぐさ，身だしなみなどの見かけで判断してはいけない」と一般にいわれている。確かに，人の個性は見かけだけではなく，内面においても見いだされるもの。しかし，私たちは人を第一印象である程度決めてしまう傾向がある。それが面接試験など初対面の場合であればなおさらだ。したがって，チェックリストにあるような挨拶，表情，身だしなみ等に注意して面接試験に臨むことはとても重要だ。ただ，これらは面接試験前にちょっと対策したからといって身につくようなものではない。付け焼き刃的な対策をして面接試験に臨んでも，面接官はあっという間に見抜いてしまう。日頃からチェックリストにあるような項目を意識しながら行動することが大事であり，そうすることで，最初はぎこちない挨拶や表情等も，その人の個性に応じたすばらしい所作へ変わっていくことができるのだ。さっそく，本日から実行してみよう。

面接試験において，印象を決定づける表情はとても大事。
どのようにすれば感じのいい表情ができるのか，ポイントを確認していこう。

明るく,温和で
柔らかな表情をつくろう

人間関係の潤滑油

表情に関しては，まずは豊かである
ということがベースになってくる。う
れしい表情，困った表情，驚いた表
情など，さまざまな気持ちを表現で
きるということが，人間関係を潤いの
あるものにしていく。

Point

　表情はコミュニケーションの大前提。相手に「いつでも話しかけてくださ
いね」という無言の言葉を発しているのが，就活に求められる表情だ。面接
官が安心してコミュニケーションをとろうと思ってくれる表情。それが，明
るく，温和で柔らかな表情となる。

いますぐデキる
カンタンTraining

Training 01

喜怒哀楽を表してみよう

- 人との出会いを楽しいと思うことが表情の基本
- 表情を豊かにする大前提は相手の気持ちに寄り添うこと
- 目元・口元だけでなく，眉の動きを意識することが大事

Training 02

表情筋のストレッチをしよう

- 表情筋は「ウイスキー」の発音によって鍛える
- 意識して毎日，取り組んでみよう
- 笑顔の共有によって相手との距離が縮まっていく

コミュニケーションは挨拶から始まり，その挨拶ひとつで印象は変わるもの。
ポイントを確認していこう。

丁寧にしっかりと
はっきり挨拶をしよう

人間関係の第一歩

挨拶は心を開いて，相手に近づくコミュニケーションの第一歩。たかが挨拶，されど挨拶の重要性をわきまえて，きちんとした挨拶をしよう。形，つまり"技"も大事だが，心をこめることが最も重要だ。

Point

　挨拶はコミュニケーションの第一歩。相手が挨拶するのを待っているのは望ましくない。挨拶の際のポイントは丁寧であることと，はっきり声に出すことの2つ。丁寧な挨拶は，相手を大事にして迎えている気持ちの表れとなる。はっきり声に出すことで，これもきちんと相手を迎えていることが伝わる。また，相手もその応答として挨拶してくれることで，会ってすぐに双方向のコミュニケーションが成立する。

いますぐデキる
カンタンTraining

3つのお辞儀をマスターしよう

① 会釈（15度）　　② 敬礼（30度）　　③ 最敬礼（45度）

・息を吸うことを意識してお辞儀をするとキレイな姿勢に
・目線は真下ではなく，床前方1.5m先ぐらいを見よう
・相手への敬意を忘れずに

対面時は言葉が先，お辞儀が後

・相手に体を向けて先に自ら挨拶をする
・挨拶時，相手とアイコンタクトを
　しっかり取ろう
・挨拶の後に，お辞儀をする。
　これを「語先後礼」という

コミュニケーションは「話す」よりも「聞く」ことといわれる。相手が話しやすい聞き方の，ポイントを確認しよう。

受容の立場で
傾聴しよう

相手の話を受けとめる

話を聞くときは，やや前に傾く姿勢をとる。表情と姿勢が合わさることにより，話し手の心が開き「あれも，これも話そう」という気持ちになっていく。また，「はい」と一度のお辞儀で頷くと相手の話を受け止めているというメッセージにつながる。

Point

　話をすること，話を聞いてもらうことは誰にとってもプレッシャーを伴うもの。そのため，「何でも話して良いんですよ」「何でも話を聞きますよ」「心配しなくて良いんですよ」という気持ちで聞くことが大切になる。その気持ちが聞く姿勢に表れれば，相手は安心して話してくれる。

いますぐデキる
カンタンTraining

Training **01**
頷きは一度で

- 相手が話した後に「はい」と一言発する
- 頷きすぎは逆効果

Training **02**
目線は自然に

- 鼻の付け根あたりを見ると自然な印象に
- 目を見つめすぎるのはNG

Training **03**
話の句読点で視線を移す

- 視線は話している人を見ることが基本
- 複数の人の話を聞くときは句読点を意識し、視線を振り分けることで聞く姿勢を表す

自分の意思を相手に明確に伝えるためには，話し方が重要となる。はっきりと的確に話すためのポイントを確認しよう。

明るい発声を
心がけよう

ボリュームを意識して

話すときのポイントとしては，ボリュームを意識することが挙げられる。会議室の一番奥にいる人に声が届くように意識することで，声のボリュームはコントロールされていく。

Point

コミュニケーションとは「伝達」すること。どのようなことも，適当に伝えるのではなく，伝えるべきことがきちんと相手に届くことが大切になる。そのためには，はっきりと，分かりやすく，丁寧に，心を込めて話すこと。言葉だけでなく，表情やジェスチャーを加えることも有効。

いますぐデキる
カンタンTraining

Training **01**
腹式呼吸で発声練習

- 「あえいうえおあお」と発声する
- 腹式呼吸は，胸部をなるべく動かさずに，息を吸うときにお腹や腰が膨らむよう意識する呼吸法

Training **02**
早口言葉にチャレンジ

おあやや
母親に
お謝り

- 「おあやや，母親に，お謝り」と早口で
- 口がすぼまった「お」と口が開いた「あ」の発音に，変化をつけられるかがポイント

Training **03**
ジェスチャーを有効活用

- 腰より上でジェスチャーをする
- 体から離した位置に手をもっていく
- ジェスチャーをしたら戻すところをさだめておく

身だしなみはその人自身を表すもの。身だしなみの基本について，ポイントを確認しよう。

清潔感,さわやかさを
醸し出せるようにしよう

プロの企業人に
ふさわしい身だしなみを

信頼感，安心感をもたれる身だしなみを考えよう。TPOに合わせた服装は，すなわち"礼"を表している。そして，身だしなみには，「清潔感」，「品のよさ」，「控え目である」という，3つのポイントがある。

Point

相手との心理的な距離や物理的な距離が遠ければ，コミュニケーションは成立しにくくなる。見た目が不潔では誰も近付いてこない。身だしなみが清潔であること，爽やかであることは相手との距離を縮めることにも繋がる。

いますぐデキる
カンタンTraining

Training 01

髪型，服装を整えよう

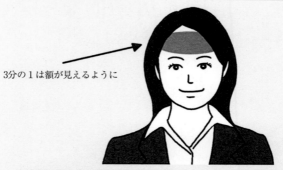

3分の1は額が見えるように

・男性も女性も眉が見える髪型が望ましい。3分の1は額が見えるように。額は知性と清潔感を伝える場所。男性の髪の長さは耳や襟にかからないように
・スーツで相手の前に立つときは，ボタンはすべて留める。男性の場合は下のボタンは外す

Training 02

おしゃれとの違いを明確に

・爪はできるだけ切りそろえる
・爪の中の汚れにも注意
・ジェルネイル，ネイルアートはNG

Training 03

足元にも気を配って

・女性の場合はパンプス，男性の場合は黒の紐靴が望ましい
・靴はこまめに汚れを落とし見栄えよく

姿勢にはその人の意欲が反映される。前向き，活動的な姿勢を表すにはどうしたらよいか，ポイントを確認しよう。

前向き,活動的な
姿勢を維持しよう

一直線と左右対称

正しい立ち姿として，耳，肩，腰，くるぶしを結んだ線が一直線に並んでいることが最大のポイントになる。そのラインが直線に近づくほど立ち姿がキレイに整っていることになる。また，"左右対称"というのもキレイな姿勢の要素のひとつになる。

Point

　姿勢は，身体と心の状態を反映するもの。そのため，良い姿勢でいることは，印象が清々しいだけでなく，健康で元気そうに見え，話しかけやすさにも繋がる。歩く姿勢，立つ姿勢，座る姿勢など，どの場面にも心身の健康状態が表れるもの。日頃から心身の健康状態に気を配り，フィジカルとメンタル両面の自己管理を心がけよう。

いますぐデキる
カンタンTraining

Training **01**

キレイな歩き方を心がけよう

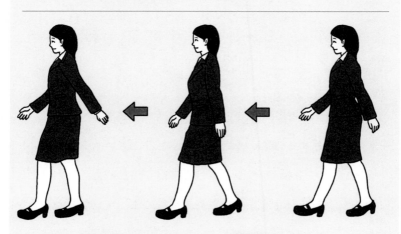

- ・女性は 1 本の線上を，男性はそれよりも太い線上を沿うように歩く
- ・一歩踏み出したときに前の足に体重を乗せるように，腰から動く
- ・12 時の方向につま先をもっていく

Training **02**

前向きな気持ちを持とう

- ・常に前向きな気持ちが姿勢を正す
- ・ポジティブ思考を心がけよう

言葉遣いの正しさはとは，場面にあった言葉を遣うということ。相手を気づかいながら，言葉を選ぶことで，より正しい言葉に近づいていく。

相手と場面に合わせた
ふさわしい言葉遣いを

次の文は接客の場面でよくある間違えやすい敬語です。
それぞれの言い方は○×どちらでしょうか。

問1 「資料をご拝読いただきありがとうございます」

問2 「こちらのパンフレットはもういただかれましたか？」

問3 「恐れ入りますが，こちらの用紙にご記入してください」

問4 「申し訳ございませんが，来週，休ませていただきます」

問5 「先ほどの件，帰りましたら上司にご報告いたしますので」

Point

　ビジネスのシーンに敬語は欠くことができない。何度もやり取りをしていく中で，親しさの度合いによっては，あえてくだけた表現を用いることもあるが，「親しき仲にも礼儀あり」と言われるように，敬意や心づかいをおろそかにしてはいけないもの。相手に誤解されたり，相手の気分を壊すことのないように，相手や場面にふさわしい言葉遣いが大切になる。

問1 （×） ○正しい言い換え例

→「ご覧いただきありがとうございます」など

「拝読」は自分が「読む」意味の謙譲語なので，相手の行為に使うのは誤り。読むと見るは同義なため，多く，見るの尊敬語「ご覧になる」が用いられる。

問2 （×） ○正しい言い換え例

→「お持ちですか」「お渡ししましたでしょうか」 など

「いただく」は，食べる・飲む・もらうの謙譲語。「もらったかどうか」と聞きたいのだから，「おもらいになりましたか」と言えないこともないが，持っているかどうか，受け取ったかどうかという意味で「お持ちですか」などが使われることが多い。また，自分側が渡すような場合は，「お渡しする」を使って「お渡ししましたでしょうか」などの言い方に換えることもできる。

問3 （×） ○正しい言い換え例

→「恐れ入りますが，こちらの用紙にご記入ください」など

「ご記入する」の「お（ご）〜する」は謙譲語の形。相手の行為を謙譲語で表すことになるため誤り。「して」を取り除いて「ご記入ください」か，和語に言い換えて「お書きください」とする。ほかにも「お書き／ご記入・いただけますでしょうか・願います」などの表現もある。

問4 （△）

有給休暇を取る場合や，弔事等で休むような場面で，用いられることも多い。「休ませていただく」ということで一見丁寧に響くが，「来週休むと自分で休みを決めている」という勝手な表現にも受け取られかねない言葉だ。ここは同じ「させていただく」を用いても，相手の都合をうかがう言い方に換えて「○○がございまして，申し訳ございませんが，休みをいただいてもよろしいでしょうか」などの言い換えが好ましい。

問5 （×）○正しい言い換え例

→「上司に報告いたします」

「ご報告いたします」は，ソトの人との会話で使うとするならば誤り。「ご報告いたします」の「お・ご〜いたす」は，「お・ご〜する」と「〜いたす」という2つの敬語を含む言葉。そのうちの「お・ご〜する」は，主語である自分を低めて相手＝上司を高める働きをもつ表現（謙譲語I）。一方「〜いたす」は，主語の私を低めて，話の聞き手に対して丁重に述べる働きをもつ表現（謙譲語II　丁重語）。「お・ご〜する」も「〜いたす」も同じ謙譲語であるため紛らわしいが，主語を低める（謙譲）という働きは同じでも，行為の相手を高める働きがあるかないかという点に違いがあるといえる。

正しい敬語

敬語は正しく使用することで，相手の印象を大きく変えることができる。尊敬語，謙譲語の区別をはっきりつけて，誤った用法で話すことのないように気をつけよう。

言葉の使い方が
マナーを表す！

■よく使われる尊敬語の形　「言う・話す・説明する」の例

専用の尊敬語型	おっしゃる
〜れる・〜られる型	言われる・話される・説明される
お（ご）〜になる型	お話しになる・ご説明になる
お（ご）〜なさる型	お話しなさる・ご説明なさる

■よく使われる謙譲語の形　「言う・話す・説明する」の例

専用の謙譲語型	申す・申し上げる
お（ご）〜する型	お話しする・ご説明する
お（ご）〜いたす型	お話しいたします・ご説明いたします

Point

　同じ尊敬語・謙譲語でも，よく使われる代表的な形がある。ここではその一例をあげてみた。敬語の使い方に迷ったときなどは，まずはこの形を思い出すことで，大抵の語はこの型にはめ込むことができる。同じ言葉を用いたほうがよりわかりやすいといえるので，同義に使われる「言う・話す・説明する」を例に考えてみよう。

　ほかにも「お話しくださる」や「お話しいただく」「お元気でいらっしゃる」などの形もあるが，まずは表の中の形を見直そう。

■よく使う動詞の尊敬語・謙譲語

なお，尊敬語の中の「言われる」などの「れる・られる」を付けた形は省力している。

基本	尊敬語（相手側）	謙譲語（自分側）
会う	お会いになる	お目にかかる・お会いする
言う	おっしゃる	申し上げる・申す
行く・来る	いらっしゃる おいでになる お見えになる お越しになる お出かけになる	伺う・参る お伺いする・参上する
いる	いらっしゃる・おいでになる	おる
思う	お思いになる	存じる
借りる	お借りになる	拝借する・お借りする
聞く	お聞きになる	拝聴する 拝聞する お伺いする・伺う お聞きする
知る	ご存じ（知っているという意で）	存じ上げる・存じる
する	なさる	いたす
食べる・飲む	召し上がる・お召し上がりになる お飲みになる	いただく・頂戴する
見る	ご覧になる	拝見する
読む	お読みになる	拝読する

「お伺いする」「お召し上がりになる」などは，「伺う」「召し上がる」自体が敬語なので
「二重敬語」ですが，慣習として定着しており間違いではないもの。

Point

　上記の「敬語表」は，よく使うと思われる動詞をそれぞれ尊敬語・謙譲語
で表したもの。このように大体の言葉は型にあてはめることができる。言
葉の中には「お（ご）」が付かないものもあるが，その場合でも「〜なさる」
を使って，「スピーチなさる」や「運営なさる」などと言うことができる。ま
た，表では，「言う」の尊敬語「言われる」の例は省いているが，れる・ら
れる型の「言われる」よりも「おっしゃる」「お話しになる」「お話しなさる」
などの言い方のほうが，より敬意も高く，言葉としても何となく響きが落ち
着くといった印象を受けるものとなる。

会話は相手があってのこと。いかなる場合でも，相手に対する心くばりを忘れないことが，会話をスムーズに進めるためのコツになる。

心くばりを添えるひと言で
言葉の印象が変わる!

　相手に何かを頼んだり，また相手の依頼を断ったり，相手の抗議に対して反論したりする場面では，いきなり自分の意見や用件を切り出すのではなく，場面に合わせて心くばりを伝えるひと言を添えてから本題に移ると，響きがやわらかくなり，こちらの意向も伝えやすくなる。俗にこれは「クッション言葉」と呼ばれている。（右表参照）

Point

　ビジネスの場面で，相手と話したり手紙やメールを送る際には，何か依頼事があってという場合が多いもの。その場合に「ちょっとお願いなんですが…」では，ふだんの会話と変わりがないものになってしまう。そこを「突然のお願いで恐れ入りますが」「急にご無理を申しまして」「こちらの勝手で恐縮に存じますが」「折り入ってお願いしたいことがございまして」などの一言を添えることで，直接的なきつい感じが和らぐだけでなく，「申し訳ないのだけれど，もしもそうしていただくことができればありがたい」という，相手への配慮や願いの気持ちがより強まる。このような前置きの言葉もうまく用いて，言葉に心くばりを添えよう。

相手の意向を尋ねる場合	「よろしければ」「お差し支えなければ」 「ご都合がよろしければ」「もしお時間がありましたら」 「もしお嫌いでなければ」「ご興味がおありでしたら」
相手に面倒を かけてしまうような場合	「お手数をおかけしますが」 「ご面倒をおかけしますが」 「お手を煩わせまして恐縮ですが」 「お忙しい時に申し訳ございませんが」 「お時間を割いていただき申し訳ありませんが」 「貴重なお時間を頂戴し恐縮ですが」
自分の都合を 述べるような場合	「こちらの勝手で恐縮ですが」 「こちらの都合（ばかり）で申し訳ないのですが」 「私どもの都合ばかりを申しまして，まことに申し訳なく存じますが」 「ご無理を申し上げまして恐縮ですが」
急な話をもちかけた場合	「突然のお願いで恐れ入りますが」 「急にご無理を申しまして」 「もっと早くにご相談申し上げるべきところでございましたが」 「差し迫ってのことでまことに申し訳ございませんが」
何度もお願いする場合	「たびたびお手数をおかけしまして恐縮に存じますが」 「重ね重ね恐縮に存じますが」 「何度もお手を煩わせまして申し訳ございませんが」 「ご面倒をおかけしてばかりで，まことに申し訳ございませんが」
難しいお願いをする場合	「ご無理を承知でお願いしたいのですが」 「たいへん申し上げにくいのですが」 「折り入ってお願いしたいことがございまして」
あまり親しくない相手に お願いする場合	「ぶしつけなお願いで恐縮ですが」 「ぶしつけながら」 「まことに厚かましいお願いでございますが」
相手の提案・誘いを断る場合	「申し訳ございませんが」 「（まことに）残念ながら」 「せっかくのご依頼ではございますが」 「たいへん恐縮ですが」 「身に余るお言葉ですが」 「まことに失礼とは存じますが」 「たいへん心苦しいのですが」 「お引き受けしたいのはやまやまですが」
問い合わせの場合	「つかぬことをうかがいますが」 「突然のお尋ねで恐縮ですが」

ここでは文章の書き方における，一般的な敬称について言及している。はがき，手紙，メール等，通信手段はさまざま。それぞれの特性をふまえて有効活用しよう。

相手の気持ちになって
見やすく美しく書こう

■敬称のいろいろ

敬称	使う場面	例
様	職名・役職のない個人	（例）飯田知子様／ご担当者様／経理部長　佐藤一夫様
殿	職名・組織名・役職のある個人（公用文など）	（例）人事部長殿／教育委員会殿／田中四郎殿
先生	職名・役職のない個人	（例）松井裕子先生
御中	企業・団体・官公庁などの組織	（例）○○株式会社御中
各位	複数あてに同一文書を出すとき	（例）お客様各位／会員各位

Point

　封筒・はがきの表書き・裏書きは縦書きが基本だが，洋封筒で親しい人にあてる場合は，横書きでも問題ない。いずれにせよ，定まった位置に，丁寧な文字でバランス良く，正確に記すことが大切。特に相手の住所や名前を乱雑な文字で書くのは，配達の際の間違いを引き起こすだけでなく，受け取る側に不快な思いをさせる。相手の気持ちになって，見やすく美しく書くよう心がけよう。

■各通信手段の長所と短所

	長所	短所	用途
封書	・封を開けなければ本人以外の目に触れることがない。 ・丁寧な印象を受ける。	・多量の資料・画像送付には不向き。 ・相手に届くまで時間がかかる。	・儀礼的な文書(礼状・わび状など) ・目上の人あての文書 ・重要な書類 ・他人に内容を読まれたくない文書
はがき・カード	・封書よりも気軽にやり取りできる。 ・年賀状や季節の便り,旅先からの連絡など絵はがきとしても楽しむことができる。	・封に入っていないため,第三者の目に触れることがある。 ・中身が見えるので,改まった礼状やわび状,こみ入った内容には不向き。 ・相手に届くまで時間がかかる。	・通知状　　　・案内状 ・送り状　　　・旅先からの便り ・各種お祝い　・お礼 ・季節の挨拶
ＦＡＸ	・手書きの図やイラストを文章といっしょに送れる。 ・すぐに届く。 ・控えが手元に残る。	・多量の資料の送付には不向き。 ・事務的な用途で使われることが多く,改まった内容の文書,初対面の人へは不向き。	・地図,イラストの入った文書 ・印刷物(本・雑誌など)
電話	・急ぎの連絡に便利。 ・相手の反応をすぐに確認できる。 ・直接声が聞けるので,安心感がある。	・連絡できる時間帯が制限される。 ・長々としたこみ入った内容は伝えづらい。	・緊急の用件 ・確実に用件を伝えたいとき
メール	・瞬時に届く。　・控えが残る。 ・コストが安い。 ・大容量の資料や画像をデータで送ることができる。 ・一度に大勢の人に送ることができる。 ・相手の居場所や状況を気にせず送れる。	・事務的な印象を与えるので,改まった礼状やわび状には不向き。 ・パソコンや携帯電話を持っていない人には送れない。 ・ウィルスなどへの対応が必要。	・データで送りたいとき ・ビジネス上の連絡

Point

　はがきは手軽で便利だが,おわびやお願い,格式を重んじる手紙には不向きとなる。この種の手紙は内容もこみ入ったものとなり,加えて丁寧な文章で書かなければならないので,数行で済むことはまず考えられない。また,封筒に入っていないため,他人の目に触れるという難点もある。このように,はがきにも長所と短所があるため,使う場面や相手によって,他の通信手段と使い分けることが必要となる。

　はがき以外にも,封書・電話・ＦＡＸ・メールなど,現代ではさまざまな通信手段がある。上に示したように,それぞれ長所と短所があるので,特徴を知って用途によって上手に使い分けよう。

社会人のマナーとして，電話応対のスキルは必要不可欠。まずは失礼なく電話に出ることからはじめよう。積極性が重要だ。

相手の顔が見えない分
対応には細心の注意を

■電話をかける場合

①　○○先生に電話をする

×「私，□□社の××と言いますが，○○様はおられますでしょうか？」

○「××と申しますが，○○様はいらっしゃいますか？」

「おられますか」は「おる」を謙譲語として使うため，通常は相手がいるかどうかに関しては，「いらっしゃる」を使うのが一般的。

②　相手の状況を確かめる

×「こんにちは，××です，先日のですね…」

○「××です，先日は有り難うございました，今お時間よろしいでしょうか？」

相手が忙しくないかどうか，状況を聞いてから話を始めるのがマナー。また，やむを得ず夜間や早朝，休日などに電話をかける際は，「夜分（朝早く）に申し訳ございません」「お休みのところ恐れ入ります」などのお詫びの言葉もひと言添えて話す。

③　相手が不在，何時ごろ戻るかを聞く場合

×「戻りは何時ごろですか？」

○「何時ごろお戻りになりますでしょうか？」

「戻り」はそのままの言い方，相手にはきちんと尊敬語を使う。

④　また自分からかけることを伝える

×「そうですか，ではまたかけますので」

○「それではまた後ほど（改めて）お電話させていただきます」

戻る時間がわかる場合は，「またお戻りになりましたころにでも」「また午後にでも」などの表現もできる。

① 電話を取ったら

× 「はい，もしもし，○○（社名）ですが」

○ **「はい，○○（社名）でございます」**

② 相手の名前を聞いて

× 「どうも，どうも」

○ **「いつもお世話になっております」**

あいさつ言葉として定着している決まり文句ではあるが，日頃のお付き合いがあってこそ。あいさつ言葉もきちんと述べよう。「お世話様」という言葉も時折耳にするが，敬意が軽い言い方となる。適切な言葉を使い分けよう。

③ 相手が名乗らない

× 「どなたですか？」「どちらさまですか？」

○ **「失礼ですが，お名前をうかがってもよろしいでしょうか？」**

名乗るのが基本だが，尋ねる態度も失礼にならないように適切な応対を心がけよう。

④ 電話番号や住所を教えてほしいと言われた場合

× 「はい，いいでしょうか？」　　× 「メモのご用意は？」

○ **「はい，申し上げます，よろしいでしょうか？」**

「メモのご用意は？」は，一見親切なようにも聞こえるが，尋ねる相手も用意していることがほとんど。押し付けがましくならない程度に。

⑤ 上司への取次を頼まれた場合

× 「はい，今代わります」　　× 「○○部長ですね，お待ちください」

○ **「部長の○○でございますね，ただいま代わりますので，少々お待ちくださいませ」**

○○部長という表現は，相手側の言い方となる。自分側を述べる場合は，「部長の○○」「○○」が適切。

Point

自分から電話をかける場合は，まずは自分の会社名や氏名を名乗るのがマナー。たとえ目的の相手が直接出た場合でも，電話では相手の様子が見えないことがほとんど。自分の勝手な判断で話し始めるのではなく，相手の都合を伺い，そのうえで話を始めるのが社会人として必要な気配りとなる。

デキるオトナをアピール
時候の挨拶

月	漢語調の表現 候，みぎりなどを付けて用いられます	口語調の表現
1月 (睦月)	初春・新春　頌春・小寒・大寒・厳寒	皆様におかれましては，よき初春をお迎えのことと存じます／厳しい寒さが続いております／珍しく暖かな寒の入りとなりました／大寒という言葉通りの厳しい寒さでございます
2月 (如月)	春寒・余寒・残寒・立春・梅花・向春	立春とは名ばかりの寒さ厳しい毎日でございます／梅の花もちらほらとふくらみ始め，春の訪れを感じる今日この頃です／春の訪れが待ち遠しいのごろでございます
3月 (弥生)	早春・浅春・春寒・春分・春暖	寒さもようやくゆるみ，日ましに春めいてまいりました／ひと雨ごとに春めいてまいりました／日増しに暖かさが加わってまいりました
4月 (卯月)	春暖・陽春・桜花・桜花爛漫	桜花爛漫の季節を迎えました／春光うららかな好季節となりました／花冷えとでも申しましょうか，何だか肌寒い日が続いております
5月 (皐月)	新緑・薫風・惜春・晩春・立夏・若葉	風薫るさわやかな季節を迎えました／木々の緑が目にまぶしいようでございます／目に青葉，山ほととぎす，初鰹の句も思い出される季節となりました
6月 (水無月)	梅雨・向暑・初夏・薄暑・麦秋	初夏の風もさわやかな毎日でございます／梅雨前線が近づいてまいりました／梅雨の晴れ間にのぞく青空は，まさに夏を思わせるようです
7月 (文月)	盛夏・大暑・炎暑・酷暑・猛暑	梅雨が明けたとたん，うだるような暑さが続いております／長い梅雨も明け，いよいよ本格的な夏がやってまいりました／風鈴の音がわずかに涼を運んでくれているようです
8月 (葉月)	残暑・晩夏・処暑・秋暑	立秋とはほんとうに名ばかりの厳しい暑さの毎日です／残暑たえがたい毎日でございます／朝夕はいくらかしのぎやすくなってまいりました
9月 (長月)	初秋・新秋・爽秋・新涼・清涼	九月に入りましてもなお，日差しの強い毎日です／暑さもやっとおとろえはじめたようでございます／残暑も去り，ずいぶんとしのぎやすくなってまいりました
10月 (神無月)	清秋・錦秋・秋涼・秋冷・寒露	秋風もさわやかな過ごしやすい季節となりました／街路樹の葉も日ごとに色を増しております／紅葉の便りの聞かれるころとなりました／秋深く，日増しに冷気も加わってまいりました
11月 (霜月)	晩秋・暮秋・霜降・初霜・向寒	立冬を迎え，まさに冬到来を感じる寒さです／木枯らしの季節になりました／日ごとに冷気が増すようでございます／朝夕はひときわ冷え込むようになりました
12月 (師走)	寒冷・初冬・師走・歳晩	師走を迎え，何かと慌ただしい日々をお過ごしのことと存じます／年の瀬も押しつまり，何かとお忙しくお過ごしのことと存じます／今年も残すところわずかとなりました，お忙しい毎日とお察しいたします

いますぐデキる
シチュエーション別会話例

シチュエーション1　取引先との会話

「非常に素晴らしいお話で感心しました」→NG！

　「感心する」は相手の立派な行為や，優れた技量などに心を動かされるという意味。意味としては間違いではないが，目上の人に用いると，偉そうに聞こえかねない表現。「感動しました」などに言い換えるほうが好ましい。

シチュエーション2　子どもとの会話

「お母さんは，明日はいますか？」→NG！

　たとえ子どもとの会話でも，子どもの年齢によっては，ある程度の敬語を使うほうが好ましい。「明日はいらっしゃいますか」では，むずかしすぎると感じるならば，「お出かけですか」などと表現することもできる。

シチュエーション3　同僚との会話

「今，お暇ですか」→NG？

　同じ立場同士なので，暇に「お」が付いた形で「お暇」ぐらいでも構わないともいえるが，「暇」というのは，するべきことも何もない時間という意味。そのため「お暇ですか」では，あまりにも直接的になってしまう。その意味では「手が空いている」→「空いていらっしゃる」→「お手透き」などに言い換えることで，やわらかく敬意も含んだ表現になる。

シチュエーション4　上司との会話

「なるほどですね」→NG！

　「なるほど」とは，相手の言葉を受けて，自分も同意見であることを表すため，相手の言葉・意見を自分が評価するというニュアンスも含まれている。そのため自分が評価して述べているという偉そうな表現にもなりかねない。同じ同意ならば，頷き「おっしゃる通りです」などの言葉のほうが誤解なく伝わる。

就活スケジュールシート

■年間スケジュールシート

1月	2月	3月	4月	5月	6月
企業関連スケジュール					
自己の行動計画					

就職活動をすすめるうえで，当然重要になってくるのは，自己のスケジュール管理だ。企業の選考スケジュールを把握することも大切だが，自分のペースで進めることになる自己分析や業界・企業研究，面接試験のトレーニング等の計画を立てることも忘れてはいけない。スケジュールシートに「記入」する作業を通して，短期・長期の両方の面から就職試験を考えるきっかけにしよう。

7月	8月	9月	10月	11月	12月
企業関連スケジュール					
自己の行動計画					

第**4**章

SPI対策

ほとんどの企業では，基本的な資質や能力を見極めるため適性検査を実施しており，現在最も使われているのがリクルートが開発した「SPI」である。

テストの内容は，「言語能力」「非言語能力」「性格」の3つに分かれている。その人がどんな人物で，どんな仕事で力を発揮しやすいのか，また，どんな組織になじみやすいかなどを把握するために行われる。

この章では，SPIの「言語能力」及び「非言語能力」の分野で，頻出内容を絞って，演習問題を構成している。演習問題に複数回チャレンジし，解説をしっかりと熟読して，学習効果を高めよう。

SPI 対策

●SPIとは

　SPIは，Synthetic Personality Inventoryの略称で，株式会社リクルートが開発・販売を行っている就職採用向けのテストである。昭和49年から提供が始まり，平成14年と平成25年の2回改訂が行われ，現在はSPI3が最新になる。

　SPIは，応募者の仕事に対する適性，職業の適性能力，興味や関心を見極めるのに適しており，現在の就職採用テストでは主流となっている。

　SPIは，「知的能力検査」と「性格検査」の2領域にわけて測定され，知的能力検査は「言語能力検査（国語）」と「非言語能力検査（数学）」に分かれている。オプション検査として，「英語（ENG）検査」を実施することもある。性格適性検査では，性格を細かく分析するために，非常に多くの質問が出される。SPIの性格適性検査では，正式な回答はなく，全ての質問に正直に答えることが重要である。

　本章では，その中から，「言語能力検査」と「非言語能力検査」に絞って収録している。

●SPIを利用する企業の目的

　①：志望者から人数を絞る

　一部上場企業にもなると，数万単位の希望者が応募してくる。基本的な資質能力や会社への適性能力を見極めるため，SPIを使って，人数の絞り込みを行う。

　②：知的能力を見極める

　SPIは，応募者1人1人の基本的な知的能力を比較することができ，それによって，受検者の相対的な知的能力を見極めることが可能になる。

　③：性格をチェックする

　その職種に対する適性があるが，300程度の簡単な質問によって発想力やパーソナリティを見ていく。性格検査なので，正解というものはなく，正直に回答していくことが重要である。

●SPIの受検形式

　SPIは，企業の会社説明会や会場で実施される「ペーパーテスト形式」と，パソコンを使った「テストセンター形式」とがある。

　近年，ペーパーテスト形式は減少しており，ほとんどの企業が，パソコンを使ったテストセンター形式を採用している。志望する企業がどのようなテストを採用しているか，早めに確認し，対策を立てておくこと。

●SPIの出題形式

　SPIは，言語分野，非言語分野，英語（ENG），性格適性検査に出題形式が分かれている。

科目	出題範囲・内容
言語分野	二語の関係，語句の意味，語句の用法，文の並び換え，空欄補充，熟語の成り立ち，文節の並び換え，長文読解　等
非言語分野	推論，場合の数，確率，集合，損益算，速度算，表の読み取り，資料の読み取り，長文読み取り　等
英語（ENG）	同意語，反意語，空欄補充，英英辞書，誤文訂正，和文英訳，長文読解　等
性格適性検査	質問：300問程度　時間：約35分

●受検対策

　本章では，出題が予想される問題を厳選して収録している。問題と解答だけではなく，詳細な解説も収録しているので，分からないところは複数回問題を解いてみよう。

言語分野

二語関係

同音異義語

●あいせき

哀惜　死を悲しみ惜しむこと

愛惜　惜しみ大切にすること

●いぎ

意義　意味・内容・価値

異議　他人と違う意見

威儀　いかめしい挙動

異義　異なった意味

●いし

意志　何かをする積極的な気持ち

意思　しようとする思い・考え

●いどう

異同　異なり・違い・差

移動　場所を移ること

異動　地位・勤務の変更

●かいこ

懐古　昔を懐かしく思うこと

回顧　過去を振り返ること

解雇　仕事を辞めさせること

●かいてい

改訂　内容を改め直すこと

改定　改めて定めること

●かんしん

関心　気にかかること

感心　心に強く感じること

歓心　嬉しいと思う心

寒心　肝を冷やすこと

●きてい

規定　規則・定め

規程　官公庁などの規則

●けんとう

見当　だいたいの推測・判断・
　　　めあて

検討　調べ究めること

●こうてい

工程　作業の順序

行程　距離・みちのり

●じき

直　　すぐに

時期　時・折り・季節

時季　季節・時節

時機　適切な機会

●しゅし

趣旨　趣意・理由・目的

主旨　中心的な意味

●たいけい

体型　人の体格

体形　人や動物の形態

体系　ある原理に基づき個々のも
　　　のを統一したもの

大系　系統立ててまとめた叢書

●たいしょう

対象　行為や活動が向けられる相手

対称　対応する位置にあること

対照　他のものと照らし合わせること

●たんせい

端正　人の行状が正しくきちんとしているさま

端整　人の容姿が整っているさま

●はんざつ

繁雑　ごたごたと込み入ること

煩雑　煩わしく込み入ること

●ほしょう

保障　保護して守ること

保証　確かだと請け合うこと

補償　損害を補い償うこと

●むち

無知　知識・学問がないこと

無恥　恥を知らないこと

●ようけん

要件　必要なこと

用件　なすべき仕事

同訓漢字

●あう

合う…好みに合う。答えが合う。

会う…客人と会う。立ち会う。

遭う…事故に遭う。盗難に遭う。

●あげる

上げる…プレゼントを上げる。効果を上げる。

挙げる…手を挙げる。全力を挙げる。

揚げる…凧を揚げる。てんぷらを揚げる。

●あつい

暑い…夏は暑い。暑い部屋。

熱い…熱いお湯。熱い視線を送る。

厚い…厚い紙。面の皮が厚い。

篤い…志の篤い人。篤い信仰。

●うつす

写す…写真を写す。文章を写す。

映す…映画をスクリーンに映す。鏡に姿を映す。

●おかす

冒す…危険を冒す。病に冒された人。

犯す…犯罪を犯す。法律を犯す。

侵す…領空を侵す。プライバシーを侵す。

●おさめる

治める…領地を治める。水を治める。

収める…利益を収める。争いを収める。

修める…学問を修める。身を修める。

納める…税金を納める。品物を納める。

●かえる

変える…世界を変える。性格を変える。

代える…役割を代える。背に腹は代えられぬ。

替える…円をドルに替える。服を替える。

●きく

聞く…うわさ話を聞く。明日の天気を聞く。

聴く…音楽を聴く。講義を聴く。

●しめる

閉める…門を閉める。ドアを閉める。

締める…ネクタイを締める。気を引き締める。

絞める…首を絞める。絞め技をかける。

●すすめる

進める…足を進める。話を進める。

勧める…縁談を勧める。加入を勧める。

薦める…生徒会長に薦める。

●つく

付く…傷が付いた眼鏡。気が付く。

着く…待ち合わせ場所の公園に着く。地に足が着く。

就く…仕事に就く。外野の守備に就く。

●つとめる

務める…日本代表を務める。主役を務める。

努める…問題解決に努める。療養に努める。

勤める…大学に勤める。会社に勤める。

●のぞむ

望む…自分の望んだ夢を追いかける。

臨む…記者会見に臨む。決勝に臨む。

●はかる

計る…時間を計る。将来を計る。

測る…飛行距離を測る。水深を測る。

●みる

見る…月を見る。ライオンを見る。

診る…患者を診る。脈を診る。

演習問題

1 カタカナで記した部分の漢字として適切なものはどれか。

1 手続きがハンザツだ　　　　　　【汎雑】

2 誤りをカンカすることはできない　【観過】

3 ゲキヤクなので取扱いに注意する　【激薬】

4 クジュウに満ちた選択だった　　　【苦重】

5 キセイの基準に従う　　　　　　　【既成】

2 下線部の漢字として適切なものはどれか。

家で飼っている熱帯魚を<u>かんしょう</u>する。

1 干渉
2 観賞
3 感傷
4 勧奨
5 鑑賞

3 下線部の漢字として適切なものはどれか。

彼に責任を<u>ついきゅう</u>する。

1 追窮
2 追究
3 追給
4 追求
5 追及

4 下線部の語句について，両方とも正しい表記をしているものはどれか。

1 私と母とは<u>相生</u>がいい。 ・この歌を<u>愛唱</u>している。
2 それは<u>規成</u>の事実である。 ・<u>既製</u>品を買ってくる。
3 同音<u>異義</u>語を見つける。 ・会議で<u>意議</u>を申し立てる。
4 選挙の<u>大勢</u>が決まる。 ・作曲家として<u>大成</u>する。
5 <u>無常</u>の喜びを味わう。 ・<u>無情</u>にも雨が降る。

5 下線部の漢字として適切なものはどれか。

彼の体調は<u>かいほう</u>に向かっている。

1 介抱
2 快方
3 解放
4 回報
5 開放

○○○解答・解説○○○

1 5

解説 1 「煩雑」が正しい。「汎」は「汎用(はんよう)」などと使う。2 「看過」が正しい。「観」は「観光」や「観察」などと使う。　3 「劇薬」が正しい。「少量の使用であってもはげしい作用のするもの」という意味であるが「激」を使わないことに注意する。　4 「苦渋」が正しい。苦しみ悩むという意味で,「苦悩」と同意であると考えてよい。　5 「既成概念」などと使う場合もある。同音で「既製」という言葉があるが,これは「既製服」や「既製品」という言葉で用いる。

2 2

解説 同音異義語や同訓異字の問題は,その漢字を知っているだけでは対処できない。「植物や魚などの美しいものを見て楽しむ」場合は「観賞」を用いる。なお,「芸術作品」に関する場合は「鑑賞」を用いる。

3 5

解説 「ついきゅう」は,特に「追究」「追求」「追及」が頻出である。「追究」は「あることについて徹底的に明らかにしようとすること」,「追求」は「あるものを手に入れようとすること」,「追及」は「後から厳しく調べること」という意味である。ここでは,「責任」という言葉の後にあるので,「厳しく」という意味が含まれている「追及」が適切である。

4 4

解説 1の「相生」は「相性」,2の「規成」は「既成」,3の「意議」は「異議」,5の「無常」は「無上」が正しい。

5 2

解説 「快方」は「よい方向に向かっている」という意味である。なお,1は病気の人の世話をすること,3は束縛を解いて自由にすること,4は複数人で回し読む文書,5は出入り自由として開け放つ,の意味。

四字熟語

□曖昧模糊　あいまいもこ─はっきりしないこと。

□阿鼻叫喚　あびきょうかん─苦しみに耐えられないで泣き叫ぶこと。は
なはだしい惨状を形容する語。

□暗中模索　あんちゅうもさく─暗闇で手さぐりでものを探すこと。様子
がつかめずどうすればよいかわからないままやってみるこ
と。

□以心伝心　いしんでんしん─無言のうちに心から心に意思が通じ合うこ
と。

□一言居士　いちげんこじ─何事についても自分の意見を言わなければ気
のすまない人。

□一期一会　いちごいちえ─一生のうち一度だけの機会。

□一日千秋　いちじつせんしゅう─一日会わなければ千年も会わないよう
に感じられることから，一日が非常に長く感じられること。

□一念発起　いちねんほっき─決心して信仰の道に入ること。転じてある
事を成就させるために決心すること。

□一網打尽　いちもうだじん─一網打つだけで多くの魚を捕らえることか
ら，一度に全部捕らえること。

□一獲千金　いっかくせんきん─一時にたやすく莫大な利益を得ること。

□一挙両得　いっきょりょうとく─一つの行動で二つの利益を得ること。

□意馬心猿　いばしんえん─馬が走り，猿が騒ぐのを抑制できないことに
たとえ，煩悩や欲望の抑えられないさま。

□意味深長　いみしんちょう─意味が深く含蓄のあること。

□因果応報　いんがおうほう─よい行いにはよい報いが，悪い行いには悪
い報いがあり，因と果とは相応じるものであるということ。

□慇懃無礼　いんぎんぶれい─うわべはあくまでも丁寧だが，実は尊大で
あること。

□有為転変　ういてんぺん─世の中の物事の移りやすくはかない様子のこ
と。

□右往左往　うおうさおう─多くの人が秩序もなく動き，あっちへ行った
りこっちへ来たり，混乱すること。

□右顧左眄　うこさべん―右を見たり，左を見たり，周囲の様子ばかりうかがっていて決断しないこと。

□有象無象　うぞうむぞう―世の中の無形有形の一切のもの。たくさん集まったつまらない人々。

□海千山千　うみせんやません―経験を積み，その世界の裏まで知り抜いている老獪な人。

□紆余曲折　うよきょくせつ―まがりくねっていること。事情が込み入って，状況がいろいろ変化すること。

□雲散霧消　うんさんむしょう―雲や霧が消えるように，あとかたもなく消えること。

□栄枯盛衰　えいこせいすい―草木が繁り，枯れていくように，盛んになったり衰えたりすること。世の中の浮き沈みのこと。

□栄耀栄華　えいようえいが―権力や富貴をきわめ，おごりたかぶること。

□会者定離　えしゃじょうり―会う者は必ず離れる運命をもつということ。人生の無常を説いたことば。

□岡目八目　おかめはちもく―局外に立ち，第三者の立場で物事を観察すると，その是非や損失がよくわかるということ。

□温故知新　おんこちしん―古い事柄を究め新しい知識や見解を得ること。

□臥薪嘗胆　がしんしょうたん―たきぎの中に寝，きもをなめる意で，目的を達成するために苦心，苦労を重ねること。

□花鳥風月　かちょうふうげつ―自然界の美しい風景，風雅のこころ。

□我田引水　がでんいんすい―自分の利益となるように発言したり行動したりすること。

□画竜点睛　がりょうてんせい―竜を描いて最後にひとみを描き加えたところ，天に上ったという故事から，物事を完成させるために最後に付け加える大切な仕上げ。

□夏炉冬扇　かろとうせん―夏の火鉢，冬の扇のようにその場に必要のない事物。

□危急存亡　ききゅうそんぼう―危機が迫ってこのまま生き残れるか滅びるかの瀬戸際。

□疑心暗鬼　ぎしんあんき―心の疑いが妄想を引き起こして実際にはいない鬼の姿が見えるようになることから，疑心が起こると何で

もないことまで恐ろしくなること。

□玉石混交　ぎょくせきこんこう―すぐれたものとそうでないものが入り混じっていること。

□荒唐無稽　こうとうむけい―言葉や考えによりどころがなく，とりとめもないこと。

□五里霧中　ごりむちゅう―迷って考えの定まらないこと。

□針小棒大　しんしょうぼうだい―物事を大袈裟にいうこと。

□大同小異　だいどうしょうい―細部は異なっているが総体的には同じであること。

□馬耳東風　ばじとうふう―人の意見や批評を全く気にかけず聞き流すこと。

□波瀾万丈　はらんばんじょう―さまざまな事件が次々と起き，変化に富むこと。

□付和雷同　ふわらいどう――定の見識がなくただ人の説にわけもなく賛同すること。

□粉骨砕身　ふんこつさいしん―力の限り努力すること。

□羊頭狗肉　ようとうくにく―外見は立派だが内容がともなわないこと。

□竜頭蛇尾　りゅうとうだび―初めは勢いがさかんだが最後はふるわないこと。

□臨機応変　りんきおうへん―時と場所に応じて適当な処置をとること。

演習問題

1 「海千山千」の意味として適切なものはどれか。
1 様々な経験を積み，世間の表裏を知り尽くしてずる賢いこと
2 今までに例がなく，これからもあり得ないような非常に珍しいこと
3 人をだまし丸め込む手段や技巧のこと
4 一人で千人の敵を相手にできるほど強いこと
5 広くて果てしないこと

2 四字熟語として適切なものはどれか。
1 竜頭堕尾
2 沈思黙考
3 孟母断危
4 理路正然
5 猪突猛伸

3 四字熟語の漢字の使い方がすべて正しいものはどれか。
1 純真無垢　　青天白日　　疑心暗鬼
2 短刀直入　　自我自賛　　危機一髪
3 厚顔無知　　思考錯誤　　言語同断
4 異句同音　　一鳥一石　　好機当来
5 意味深長　　興味深々　　五里霧中

4 「一蓮托生」の意味として適切なものはどれか。
1 一味の者を一度で全部つかまえること。
2 物事が順調に進行すること。
3 ほかの事に注意をそらさず，一つの事に心を集中させているさま。
4 善くても悪くても行動・運命をともにすること。
5 妥当なものはない。

5 故事成語の意味で適切なものはどれか。
「塞翁(さいおう)が馬」
1 たいして差がない
2 幸不幸は予測できない
3 肝心なものが欠けている
4 実行してみれば意外と簡単
5 努力がすべてむだに終わる

1 1

解説 2は「空前絶後」，3は「手練手管」，4は「一騎当千」，5は「広大無辺」である。

2 2

解説 2の沈思黙考は，「思いにしずむこと。深く考えこむこと。」の意味である。なお，1は竜頭蛇尾(始めは勢いが盛んでも，終わりにはふるわないこと)，3は孟母断機(孟子の母が織りかけの織布を断って，学問を中途でやめれば，この断機と同じであると戒めた譬え)，4は理路整然(話や議論の筋道が整っていること)，5は猪突猛進(いのししのように向こう見ずに一直線に進むこと)が正しい。

3 1

解説 2は「単刀直入」「自画自賛」，3は「厚顔無恥」「試行錯誤」「言語道断」，4は「異口同音」「一朝一夕」「好機到来」，5は「興味津々」が正しい。四字熟語の意味を理解する際，どのような字で書かれているかを意識するとよい。

4 4

解説 「一蓮托生」は，よい行いをした者は天国に行き，同じ蓮の花の上に生まれ変わるという仏教の教えから，「(ことの善悪にかかわらず)仲間として行動や運命をともにすること」をいう。

5 2

解説 「塞翁が馬」は「人間万事塞翁が馬」と表す場合もある。1は「五十歩百歩」，3は「画竜点睛に欠く」，4は「案ずるより産むが易し」，5は「水泡に帰する」の故事成語の意味である。

語の使い方

文法

Ⅰ 品詞の種類

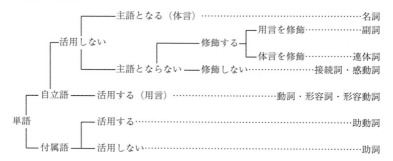

Ⅱ 動詞の活用形

活用	基本	語幹	未然	連用	終止	連体	仮定	命令
五段	読む	読	ま　も	み	む	む	め	め
上一段	見る	見	み	み	みる	みる	みれ	みよ
下一段	捨てる	捨	て	て	てる	てる	てれ	てよ てろ
カ変	来る	来	こ	き	くる	くる	くれ	こい
サ変	する	す	さ　し せ	し	する	する	すれ	せよ しろ
	主な接続語		ナイ ウ・ ヨウ	マス テ・タ	言い 切る	コト トキ	バ	命令

Ⅲ 形容詞の活用形

基本	語幹	未然	連用	終止	連体	仮定	命令
美しい	うつく し	かろ	かっ く	い	い	けれ	○
主な用法		ウ	ナル タ	言い 切る	体言	バ	

Ⅳ 形容動詞の活用形

基本	語幹	未然	連用	終止	連体	仮定	命令
静かだ	静か	だろ	だっ　で に	だ	な	なら	○
主な用法		ウ	タ　アル　ナル	言い 切る	体言	バ	

Ⅴ　文の成分

主語・述語の関係⋯⋯⋯花が ── 咲いた。

修飾・被修飾の関係⋯⋯⋯きれいな ── 花。

接続の関係⋯⋯⋯⋯⋯⋯花が咲いた<u>ので</u>，花見をした。

並立の関係⋯⋯⋯⋯⋯⋯<u>赤い花</u>と<u>白い花</u>。

補助の関係⋯⋯⋯⋯⋯⋯花が<u>咲いている</u>。（二文節で述語となっている）

〈**副詞**〉自立語で活用せず，単独で文節を作り，多く連用修飾語を作る。

状態を表すもの⋯⋯⋯⋯ついに・さっそく・しばらく・ぴったり・すっかり

程度を表すもの⋯⋯⋯⋯もっと・すこし・ずいぶん・ちょっと・ずっと

陳述の副詞⋯⋯⋯⋯⋯⋯決して〜ない・なぜ〜か・たぶん〜だろう・もし〜ば

〈**助動詞**〉付属語で活用し，主として用言や他の助動詞について意味を添える。

① 使役⋯⋯せる・させる（学校に行か<u>せる</u>　服を着<u>させる</u>）

② 受身⋯⋯れる・られる（先生に怒ら<u>れる</u>　人に見<u>られる</u>）

③ 可能⋯⋯れる・られる（歩いて行か<u>れる</u>距離　まだ着<u>られる</u>服）

④ 自発⋯⋯れる・られる（ふと思い出さ<u>れる</u>　容態が案じ<u>られる</u>）

⑤ 尊敬⋯⋯れる・られる（先生が話さ<u>れる</u>　先生が来<u>られる</u>）

⑥ 過去・完了⋯⋯た（話を聞い<u>た</u>　公園で遊ん<u>だ</u>）

⑦ 打消⋯⋯ない・ぬ（僕は知ら<u>ない</u>　知ら<u>ぬ</u>存ぜ<u>ぬ</u>）

⑧ 推量⋯⋯だろう・そうだ（晴れる<u>だろう</u>　晴れ<u>そうだ</u>）

⑨ 意志⋯⋯う・よう（旅行に行こ<u>う</u>　彼女に告白し<u>よう</u>）

⑩ 様態⋯⋯そうだ（雨が降り<u>そうだ</u>）

⑪ 希望⋯⋯たい・たがる（いっぱい遊び<u>たい</u>　おもちゃを欲し<u>がる</u>）

⑫ 断定⋯⋯だ（悪いのは相手の方<u>だ</u>）

⑬ 伝聞⋯⋯そうだ（試験に合格した<u>そうだ</u>）

⑭ 推定⋯⋯らしい（明日は雨<u>らしい</u>）

⑮ 丁寧⋯⋯です・ます（それはわたし<u>です</u>　ここにあり<u>ます</u>）

⑯ 打消推量・打消意志⋯⋯まい（そんなことはある<u>まい</u>　けっして言う<u>まい</u>）

〈助詞〉付属語で活用せず，ある語について，その語と他の語との関係を補助したり，意味を添えたりする。

① 格助詞……主として体言に付き，その語と他の語の関係を示す。

→が・の・を・に・へ・と・から・より・で・や

② 副助詞……いろいろな語に付いて，意味を添える。

→は・も・か・こそ・さえ・でも・しか・まで・ばかり・だけ・など

③ 接続助詞……用言・活用語に付いて，上と下の文節を続ける。

→ば・けれども・が・のに・ので・ても・から・たり・ながら

④ 終助詞……文末（もしくは文節の切れ目）に付いて意味を添える。

→なあ（感動）・よ（念押し）・な（禁止）・か（疑問）・ね（念押し）

演習問題

1 次のア〜オのうち，下線部の表現が適切でないものはどれか。

1 彼はいつもまわりに愛嬌をふりまいて，場を和やかにしてくれる。

2 的を射た説明によって，よく理解することができた。

3 舌先三寸で人をまるめこむのではなく，誠実に説明する。

4 この重要な役目は，彼女に白羽の矢が当てられた。

5 二の舞を演じないように，失敗から学ばなくてはならない。

2 次の文について，言葉の用法として適切なものはどれか。

1 矢折れ刀尽きるまで戦う。

2 ヘルプデスクに電話したが「分かりません」と繰り返すだけで取り付く暇もなかった。

3 彼の言動は肝に据えかねる。

4 彼は証拠にもなく何度も賭け事に手を出した。

5 適切なものはない。

3 下線部の言葉の用法として適切なものはどれか。

1 彼はのべつ暇なく働いている。

2 あの人の言動は常軌を失っている。

3 彼女は熱に泳がされている。

4 彼らの主張に対して間髪をいれずに反論した。

5 彼女の自分勝手な振る舞いに顔をひそめた。

4 次の文で，下線部が適切でないものはどれか。

1 ぼくの目標は，兄より早く走れるように<u>なること</u>です。

2 先生の<u>おっしゃること</u>をよく聞くのですよ。

3 昨日は家で本を読んだり，テレビを<u>見て</u>いました。

4 風にざわめく木々は，まるで私たちにあいさつをして<u>いるようだった</u>。

5 先生の業績については，よく<u>存じております</u>。

5 下線部の言葉の用法が適切でないものはどれか。

1 <u>急いては事を仕損じる</u>ので，マイペースを心がける。

2 彼女は<u>目端が利く</u>。

3 <u>世知辛い</u>世の中になったものだ。

4 安全を<u>念頭</u>に置いて作業を進める。

5 次の試験に<u>標準を合わせて</u>勉強に取り組む。

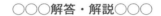

○○○解答・解説○○○

1 4

解説　1の「愛嬌をふりまく」は，おせじなどをいい，明るく振る舞うこと，2の「的を射る」は的確に要点をとらえること，3の「舌先三寸」は口先だけの巧みに人をあしらう弁舌のこと，4はたくさんの中から選びだされるという意味だが，「白羽の矢が当てられた」ではなく，「白羽の矢が立った」が正しい。5の「二の舞を演じる」は他人がした失敗を自分もしてしまうという意味である。

2 5

解説　1「刀折れ矢尽きる」が正しく，「なす術がなくなる」という意味である。　2　話を進めるきっかけが見つからない。すがることができない，という意味になるのは「取り付く島がない」が正しい。　3　「言動」という言葉から，「我慢できなくなる」という意味の言葉を使う必要がある。「腹に据えかねる」が正しい。　4　「何度も賭け事に手を出した」という部分から「こりずに」という意味の「性懲りもなく」が正しい。

$\boxed{3}$ 4

解説 1「のべつ幕なしに」、2は「常軌を逸している」、3は「熱に浮かされている」、5は「眉をひそめた」が正しい。

$\boxed{4}$ 3

解説 3は前に「読んだり」とあるので、後半も「見たり」にしなければならないが、「見ていました」になっているので表現として適当とはいえない。

$\boxed{5}$ 5

解説 5は、「狙う、見据える」という意味の「照準」を使い、「照準を合わせて」と表記するのが正しい。

演習問題

1 次の文章を意味が通るように並べ替えたとき，順番として最も適切なものはどれか。

A 読書にしたしむ工夫の一つは，自分に興味のあるもの，いや，読み出したらご飯を食べるのも忘れるほど興味のある本をまず読むことです。そんな本を見つけ出せというと，大変むつかしい注文のように聞こえるけれども，決してそうではない。健康な中学生，高校生なら世界の名作といわれるものの必ずしも全部ではないが，その半分，あるいはその三分の一くらいの文学作品には，必ず強い興味をひかれるはずだと思うのです。

B 面白い長篇小説を読み上げると，きっと人に話したくなるものですが，友だちにすすめてこれを読ませ，仲間で討論会—それほどむつかしく考えなくてもいいけれども，ここは面白かった，あそこの意味はよくわからなかった，というような話合いをすること，これが第二の手だてです。手だてというとかた苦しいが，読後の感想を，気心の知れた友達と語り合うということは，なかなか楽しいことなのです。話合うクセがつくと，読んだことも頭と心に深くしみ込むし，また次の本を読みたい気持もそそられてくるに違いありません。

C 自分の好きな本を見つけて，読み上げる。そういうことを何回も重ねてゆくということが第一の手だてです。そうするうちに本を読むスピードも自然に早くなるし，また自分は大きな本でも読みあげる力があるという自信がつきます。すべての人間のすることは，ぼくにはこれがやれる，という自信をもってやらなければ，うまく成功しないものですが，読書もまた同じことで，自分の読書力についての自信を強めることが第一です。そのためには若い諸君は，文学ならおもしろい長篇小説，たとえばスタンダールの『赤と黒』だとか，トルストイの『復活』だとか，あの程度の長さの名作を読むことをおすすめします。

(『私の読書遍歴』桑原武夫著)

1 A－B－C
2 A－C－B
3 B－C－A

```
   4  C－B－A
   5  C－A－B
```

② 次の文章中の（　　　）内に，あとのア～キの７つの文を並べ替えて入れると意味の通った文章になる。並べ方の最も適切なものはどれか。

　以上は，わたしが読む人間から書く人間へ変化していった過程である。わたしの精神が読む働きから書く働きへ移っていったコースである。もちろん，（　　　　　　　　　　）特別の天才は別として，わたしたちは，多量の精神的エネルギーを放出しなければ，また，精神の戦闘的な姿勢がなければ，小さな文章でも書くことはできないのである。

　ア　それに必要な精神的エネルギーの量から見ると，書く，読む，聞く……という順でしだいに減っていくようである。

　イ　すなわち，読むという働きがまだ受動的であるのに反して，書くという働きは完全に能動的である。

　ウ　しかし，書くという働きに必要なエネルギーは読むという働きに必要なエネルギーをはるかに凌駕する。

　エ　そこには，精神の姿勢の相違がある。

　オ　読むという働きは，聞くという働きなどに比べれば多量のエネルギーを必要とする。

　カ　同様に精神の働きではあるが，一方はかなりパッシブであり，他方は極めてアクチブである。

　キ　更に考えてみると，読む働きと書く働きとの間には，必要とするエネルギーの大小というだけでなく，もっと質的な相違があると言わねばならない。

```
   1  ア－ウ－オ－キ－エ－イ－カ
   2  オ－ウ－ア－キ－エ－イ－カ
   3  オ－イ－カ－ウ－ア－キ－エ
   4  エ－オ－ウ－イ－カ－キ－ア
   5  オ－ア－イ－カ－ウ－キ－エ
```

③ 次の文章の並べ替え方として最も適切なものはどれか。

　A　マジックの番組かと思ったらそうではなかった。政治討論の番組であり，声を荒らげていたのは，年金の記録が不明確になってしまったものの表現について話している途中の部分だった。

　B　政府側からみれば，「消えた」のではなく，誰に払うべきか分からな

くなってしまったものであるから，「宙に浮いた」と表現したいといったところか。

C　要するにどの立場に立つかによって表現の仕方は変わるのである。逆に言えば，どの表現を用いているかをみれば，その人が，どの立場で，誰の味方となって発言しているかが分かるのである。

D　もらえなかった人にとっては，「消えた」という表現がぴったりであろう。自分が信じて払い，受給する権利がなくなってしまうのであるから，それ以上の表現はない。

E　テレビをつけたままで仕事をしていたら，「消えたのではなく宙に浮いたのだ」と誰かが声を荒らげていた。

1　E－C－A－D－B
2　E－B－D－A－C
3　E－A－D－C－B
4　E－A－D－B－C
5　E－B－D－C－A

○○○解答・解説○○○

1　2

解説　Cに「第一の手だて」，Bに「第二の手だて」とあるので，C，Bという順番はわかるだろう。Aをどこに置くかで悩むかもしれないが，Cに「自分の好きな本を見つけて」とあり，これがAの「興味のある本を見つけ出すことは決して難しいことではない」という内容につながっていると考えられる。よって，Cの前にAが来ると考えられる。

2　2

解説　出典は清水幾太郎の『論文の書き方』ある。文章を整序する問題は，指示語や接続語に注意しながら，文意が通るように並べ替えていくことが大切である。この問題の場合，選択肢をヒントととらえると「もちろん」の直後には「ア・エ・オ」のいずれかが入ることがわかる。アは「それに必要な精神的エネルギーの量から見ると……」という文になっているので，文頭の「それに」は接続詞ではなく「それ（代名詞）＋に（助詞）」の指示語ととらえられる。そうすると，「もちろん」の直後に入れた場合文意が通らなくなるので，アで始まっている1は誤りとして消去できる。同様にエ

も「そこ」に注目すると文意が通らないことがわかるので，4も消去できる。オは文意が通るので2・3・5について検討していけばよいことになる。したがってオの後ろには「ア・イ・ウ」のいずれかが入ることがわかる。それぞれをあてはめていくと，逆接の接続詞「しかし」で始まっているウが最も文意が通ることに気づく。そうなると2しか残らない。2の順番どおりに読み進めていき，流れがおかしくないかどうか検討し，おかしくなければ正答とみなすことができる。よって，正答は2。

3 4

解説　作問者による書き下ろし。「発端」「発端についての説明」「まとめ」といった構成になっている。「発端」はEであり，「まとめ」の部分についてはCが該当する。「発端についての説明」については，Aにおいてテレビから聞こえた内容を明らかにし，「消えた」とする立場（D），「宙に浮いた」とする立場（B）からそれぞれ説明している。

非言語分野

計算式・不等式

演習問題

1 分数 $\dfrac{30}{7}$ を小数で表したとき，小数第100位の数字として正しいものはどれか。

  1 1   2 2   3 4   4 5   5 7

2 $x=\sqrt{2}-1$ のとき，$x+\dfrac{1}{x}$ の値として正しいものはどれか。

  1 $2\sqrt{2}$ 2 $2\sqrt{2}-2$ 3 $2\sqrt{2}-1$ 4 $3\sqrt{2}-3$

  5 $3\sqrt{2}-2$

3 360の約数の総和として正しいものはどれか。

  1 1060   2 1170   3 1250   4 1280   5 1360

4 $\dfrac{x}{2}=\dfrac{y}{3}=\dfrac{z}{5}$ のとき，$\dfrac{x-y+z}{3x+y-z}$ の値として正しいものはどれか。

  1 -2 2 -1 3 $\dfrac{1}{2}$ 4 1   5 $\dfrac{3}{2}$

5 $\dfrac{\sqrt{2}}{\sqrt{2}-1}$ の整数部分を a，小数部分を b とするとき，$a\times b$ の値として正しいものは次のうちどれか。

  1 $\sqrt{2}$ 2 $2\sqrt{2}-2$ 3 $2\sqrt{2}-1$ 4 $3\sqrt{2}-3$

  5 $3\sqrt{2}-2$

6 $x=\sqrt{5}+\sqrt{2}$，$y=\sqrt{5}-\sqrt{2}$ のとき，x^2+xy+y^2 の値として正しいものはどれか。

  1 15   2 16   3 17   4 18   5 19

7 $\dfrac{\sqrt{2}}{\sqrt{2}-1}$ の整数部分を a, 小数部分を b とするとき, b^2 の値として正しいものはどれか。

   1 $2-\sqrt{2}$ 2 $1+\sqrt{2}$ 3 $2+\sqrt{2}$ 4 $3+\sqrt{2}$
   5 $3-2\sqrt{2}$

8 ある中学校の生徒全員のうち, 男子の7.5%, 女子の6.4%を合わせて37人がバドミントン部員であり, 男子の2.5%, 女子の7.2%を合わせて25人が吹奏楽部員である。この中学校の女子全員の人数は何人か。

   1 246人   2 248人   3 250人   4 252人   5 254人

9 連続した3つの正の偶数がある。その小さい方2数の2乗の和は, 一番大きい数の2乗に等しいという。この3つの数のうち, 最も大きい数として正しいものはどれか。

   1 6   2 8   3 10   4 12   5 14

○○○解答・解説○○○

1 5

解説 実際に30を7で割ってみると,
$\dfrac{30}{7} = 4.28571428571\cdots\cdots$ となり, 小数点以下は, 6つの数字 "285714" が繰り返されることがわかる。$100 \div 6 = 16$ 余り 4 だから, 小数第100位は, "285714" のうちの4つ目の "7" である。

2 1

解説 $x = \sqrt{2} - 1$ を $x + \dfrac{1}{x}$ に代入すると,

$$x + \frac{1}{x} = \sqrt{2} - 1 + \frac{1}{\sqrt{2}-1} = \sqrt{2} - 1 + \frac{\sqrt{2}+1}{(\sqrt{2}-1)(\sqrt{2}+1)}$$

$$= \sqrt{2} - 1 + \frac{\sqrt{2}+1}{2-1}$$

$$= \sqrt{2} - 1 + \sqrt{2} + 1 = 2\sqrt{2}$$

解 説 360を素因数分解すると，$360 = 2^3 \times 3^2 \times 5$ であるから，約数の総和は$(1 + 2 + 2^2 + 2^3)(1 + 3 + 3^2)(1 + 5) = (1 + 2 + 4 + 8)(1 + 3 + 9)(1 + 5) = 15 \times 13 \times 6 = 1170$ である。

4 4

解 説 $\dfrac{x}{2} = \dfrac{y}{3} = \dfrac{z}{5} = A$ とおく。

$x = 2A$, $y = 3A$, $z = 5A$ となるから，

$x - y + z = 2A - 3A + 5A = 4A$, $3x + y - z = 6A + 3A - 5A = 4A$

したがって，$\dfrac{x - y + z}{3x + y - z} = \dfrac{4A}{4A} = 1$ である。

5 4

解 説 分母を有理化する。

$$\frac{\sqrt{2}}{\sqrt{2} - 1} = \frac{\sqrt{2}(\sqrt{2} + 1)}{(\sqrt{2} - 1)(\sqrt{2} + 1)} = \frac{2 + \sqrt{2}}{2 - 1} = 2 + \sqrt{2} = 2 + 1.414\cdots = 3.414\cdots$$

であるから，$a = 3$ であり，$b = (2 + \sqrt{2}) - 3 = \sqrt{2} - 1$ となる。

したがって，$a \times b = 3(\sqrt{2} - 1) = 3\sqrt{2} - 3$

6 3

解 説 $(x + y)^2 = x^2 + 2xy + y^2$ であるから，

$x^2 + xy + y^2 = (x + y)^2 - xy$ と表せる。

ここで，$x + y = (\sqrt{5} + \sqrt{2}) + (\sqrt{5} - \sqrt{2}) = 2\sqrt{5}$,

$xy = (\sqrt{5} + \sqrt{2})(\sqrt{5} - \sqrt{2}) = 5 - 2 = 3$

であるから，求める $(x + y)^2 - xy = (2\sqrt{5})^2 - 3 = 20 - 3 = 17$

7 5

解 説 分母を有理化すると，

$$\frac{\sqrt{2}}{\sqrt{2} - 1} = \frac{\sqrt{2}(\sqrt{2} + 1)}{(\sqrt{2} - 1)(\sqrt{2} + 1)} = \frac{2 + \sqrt{2}}{2 - 1} = 2 + \sqrt{2}$$

$\sqrt{2} = 1.4142\cdots\cdots$ であるから，$2 + \sqrt{2} = 2 + 1.4142\cdots\cdots = 3.14142\cdots\cdots$

したがって，$a = 3$, $b = 2 + \sqrt{2} - 3 = \sqrt{2} - 1$ といえる。

したがって，$b^2 = (\sqrt{2} - 1)^2 = 2 - 2\sqrt{2} + 1 = 3 - 2\sqrt{2}$である。

$\boxed{8}$ 3

解説 男子全員の人数をx，女子全員の人数をyとする。

$0.075x + 0.064y = 37\cdots$①
$0.025x + 0.072y = 25\cdots$②

①$-$②$\times 3$より

$$-)\begin{cases} 0.075x + 0.064y = 37\cdots① \\ 0.075x + 0.216y = 75\cdots②' \end{cases}$$
$$-0.152y = -38$$

$\therefore \quad 152y = 38000 \quad \therefore \quad y = 250 \quad x = 280$

よって，女子全員の人数は250人。

$\boxed{9}$ 3

解説 3つのうちの一番小さいものを$x(x>0)$とすると，連続した3つの正の偶数は，x，$x+2$，$x+4$ であるから，与えられた条件より，次の式が成り立つ。$x^2+(x+2)^2=(x+4)^2$ かっこを取って，$x^2+x^2+4x+4=x^2+8x+16$ 整理して，$x^2-4x-12=0$ よって，$(x+2)(x-6)=0$ よって，$x=-2$, 6 $x>0$だから，$x=6$ である。したがって，3つの偶数は，6，8，10である。このうち最も大きいものは，10である。

演習問題

1 家から駅までの道のりは30kmである。この道のりを，初めは時速5km，途中から，時速4kmで歩いたら，所要時間は7時間であった。時速5kmで歩いた道のりとして正しいものはどれか。

  1　8km   2　10km   3　12km   4　14km   5　15km

2 横の長さが縦の長さの2倍である長方形の厚紙がある。この厚紙の四すみから，一辺の長さが4cmの正方形を切り取って，折り曲げ，ふたのない直方体の容器を作る。その容積が64cm³のとき，もとの厚紙の縦の長さとして正しいものはどれか。

  1　$6-2\sqrt{3}$ 2　$6-\sqrt{3}$ 3　$6+\sqrt{3}$ 4　$6+2\sqrt{3}$
  5　$6+3\sqrt{3}$

3 縦50m，横60mの長方形の土地がある。この土地に，図のような直角に交わる同じ幅の通路を作る。通路の面積を土地全体の面積の$\frac{1}{3}$以下にするには，通路の幅を何m以下にすればよいか。

  1　8m   2　8.5m   3　9m   4　10m
  5　10.5m

4 下の図のような，曲線部分が半円で，1周の長さが240mのトラックを作る。中央の長方形ABCDの部分の面積を最大にするには，直線部分ADの長さを何mにすればよいか。次から選べ。

  1　56m   2　58m   3　60m   4　62m   5　64m

5 ＡとＢの２つのタンクがあり，Ａには8m³，Ｂには5m³の水が入っている。Ａには毎分1.2m³，Ｂには毎分0.5m³ずつの割合で同時に水を入れ始めると，Ａの水の量がＢの水の量の２倍以上になるのは何分後からか。正しいものはどれか。

 1 8分後 2 9分後 3 10分後 4 11分後 5 12分後

○○○解答・解説○○○

1 2

解説 時速5kmで歩いた道のりを$x$kmとすると，時速4kmで歩いた道のりは，$(30-x)$kmであり，時間＝距離÷速さ　であるから，次の式が成り立つ。

$$\frac{x}{5}+\frac{30-x}{4}=7$$

両辺に20をかけて，$4x+5(30-x)=7\times20$

整理して，$4x+150-5x=140$

よって，$x=10$　である。

2 4

解説 厚紙の縦の長さを$x$cmとすると，横の長さは$2x$cmである。また，このとき，容器の底面は，縦$(x-8)$cm，横$(2x-8)$cmの長方形で，容器の高さは4cmである。

厚紙の縦，横，及び，容器の縦，
横の長さは正の数であるから，

 $x>0,\ x-8>0,\ 2x-8>0$

すなわち，$x>8$……①

容器の容積が64cm³であるから，

$4(x-8)(2x-8)=64$となり，

 $(x-8)(2x-8)=16$

これより，$(x-8)(x-4)=8$

$x^2-12x+32=8$となり，$x^2-12x+24=0$

よって，$x=6\pm\sqrt{6^2-24}=6\pm\sqrt{12}=6\pm2\sqrt{3}$

このうち①を満たすものは，$x=6+2\sqrt{3}$

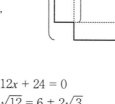

3 4

解説 通路の幅をxmとすると，$0<x<50$……①

また，$50x+60x-x^2\leqq1000$

よって，$(x-10)(x-100)\geqq0$

したがって，$x\leqq10$，$100\leqq x$……②

①②より，$0<x\leqq10$　つまり，10m以下。

4 3

解説 直線部分ADの長さをxmとおくと，$0<2x<240$より，xのとる値の範囲は，$0<x<120$である。

半円の半径をrmとおくと，

$2\pi r=240-2x$より，

$r=\dfrac{120}{\pi}-\dfrac{x}{\pi}=\dfrac{1}{\pi}(120-x)$

長方形ABCDの面積をym²とすると，

$y=2r\cdot x=2\cdot\dfrac{1}{\pi}(120-x)x$

　$=-\dfrac{2}{\pi}(x^2-120x)$

　$=-\dfrac{2}{\pi}(x-60)^2+\dfrac{7200}{\pi}$

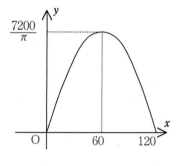

この関数のグラフは，図のようになる。yは$x=60$のとき最大となる。

5 3

解説 x分後から2倍以上になるとすると，題意より次の不等式が成り立つ。

$$8+1.2x\geqq2(5+0.5x)$$

かっこをはずして，$8+1.2x\geqq10+x$

整理して，$0.2x\geqq2$　よって，$x\geqq10$

つまり10分後から2倍以上になる。

演習問題

1 1個のさいころを続けて3回投げるとき，目の和が偶数になるような場合は何通りあるか。正しいものを選べ。

 1 106通り   2 108通り   3 110通り   4 112通り
 5 115通り

2 A，B，C，D，E，Fの6人が2人のグループを3つ作るとき，AとBが同じグループになる確率はどれか。正しいものを選べ。

 1 $\dfrac{1}{6}$ 2 $\dfrac{1}{5}$ 3 $\dfrac{1}{4}$ 4 $\dfrac{1}{3}$ 5 $\dfrac{1}{2}$

○○○解答・解説○○○

1 2

解説　和が偶数になるのは，3回とも偶数の場合と，偶数が1回で，残りの2回が奇数の場合である。さいころの目は，偶数と奇数はそれぞれ3個だから，

 (1)　3回とも偶数：$3 \times 3 \times 3 = 27$〔通り〕
 (2)　偶数が1回で，残りの2回が奇数
 ・偶数/奇数/奇数：$3 \times 3 \times 3 = 27$〔通り〕
 ・奇数/偶数/奇数：$3 \times 3 \times 3 = 27$〔通り〕
 ・奇数/奇数/偶数：$3 \times 3 \times 3 = 27$〔通り〕

したがって，合計すると，$27 + (27 \times 3) = 108$〔通り〕である。

2 2

解説　A，B，C，D，E，Fの6人が2人のグループを3つ作るときの，すべての作り方は$\dfrac{{}_6C_2 \times {}_4C_2}{3!} = 15$通り。このうち，AとBが同じグループになるグループの作り方は$\dfrac{{}_4C_2}{2!} = 3$通り。よって，求める確率は$\dfrac{3}{15} = \dfrac{1}{5}$である。

演習問題

1 次の図で，直方体 ABCD － EFGH の辺 AB，BC の中点をそれぞれ M，N とする。この直方体を3点 M，F，N を通る平面で切り，頂点 B を含むほうの立体をとりさる。AD ＝ DC ＝8cm，AE ＝6cm のとき，△MFN の 面積として正しいものはどれか。

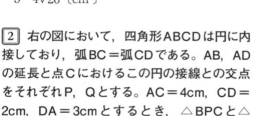

1 $3\sqrt{22}$〔cm²〕　　2 $4\sqrt{22}$〔cm²〕
3 $5\sqrt{22}$〔cm²〕　　4 $4\sqrt{26}$〔cm²〕
5 $4\sqrt{26}$〔cm²〕

2 右の図において，四角形 ABCD は円に内 接しており，弧 BC ＝弧 CD である。AB，AD の延長と点 C におけるこの円の接線との交点 をそれぞれ P，Q とする。AC ＝4cm，CD ＝ 2cm，DA ＝3cm とするとき，△BPC と△ APQ の面積比として正しいものはどれか。

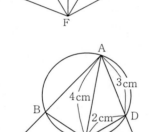

1 1：5　　2 1：6　　3 1：7　　4 2：15　　5 3：20

3 1辺の長さが15のひし形がある。その対角線の長さの差は6である。 このひし形の面積として正しいものは次のどれか。

1 208　　2 210　　3 212　　4 214　　5 216

4 右の図において，円 C_1 の 半径は2，円 C_2 の半径は5，2 円の中心間の距離は O_1O_2 ＝9 である。2円の共通外接線 l と2 円 C_1, C_2 との接点をそれぞれ A， B とするとき，線分 AB の長さ として正しいものは次のどれ か。

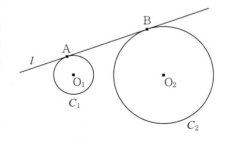

1 $3\sqrt{7}$　　2 8　　3 $6\sqrt{2}$　　4 $5\sqrt{3}$　　5 $4\sqrt{5}$

5 下の図において，点Eは，平行四辺形ABCDの辺BC上の点で，AB＝AEである。また，点Fは，線分AE上の点で，∠AFD＝90°である。∠ABE＝70°のとき，∠CDFの大きさとして正しいものはどれか。

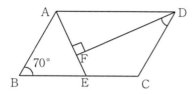

1　48°　　2　49°　　3　50°　　4　51°　　5　52°

6 底面の円の半径が4で，母線の長さが12の直円すいがある。この円すいに内接する球の半径として正しいものは次のどれか。

1　$2\sqrt{2}$

2　3

3　$2\sqrt{3}$

4　$\dfrac{8}{3}\sqrt{2}$

5　$\dfrac{8}{3}\sqrt{3}$

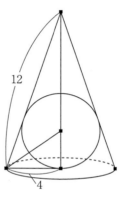

○○○解答・解説○○○

1　2

解説　△MFNはMF＝NFの二等辺三角形。MB＝$\dfrac{8}{2}$＝4，BF＝6より，

MF^2＝4^2+6^2＝52

また，MN＝$4\sqrt{2}$

FからMNに垂線FTを引くと，△MFTで三平方の定理より，

FT^2＝MF^2－MT^2＝52－$\left(\dfrac{4\sqrt{2}}{2}\right)^2$＝52－8＝44

よって，FT＝$\sqrt{44}$＝$2\sqrt{11}$

したがって，△MFN＝$\dfrac{1}{2}\cdot4\sqrt{2}\cdot2\sqrt{11}$＝$4\sqrt{22}$〔cm^2〕

2̲ 3

解説 $\angle PBC = \angle CDA$, $\angle PCB = \angle BAC = \angle CAD$から，

$\triangle BPC \backsim \triangle DCA$

相似比は$2:3$，面積比は，$4:9$

また，$\triangle CQD \backsim \triangle AQC$で，相似比は$1:2$，面積比は$1:4$

したがって，$\triangle DCA : \triangle AQC = 3:4$

よって，$\triangle BPC : \triangle DCA : \triangle AQC = 4:9:12$

さらに，$\triangle BPC \backsim \triangle CPA$で，相似比$1:2$，面積比$1:4$

よって，$\triangle BPC : \triangle APQ = 4:(16+12) = 4:28 = 1:7$

3̲ 5

解説 対角線のうちの短い方の長さの半分の長さをxとすると，長い方の対角線の長さの半分は，$(x+3)$と表せるから，三平方の定理より次の式がなりたつ。

$x^2 + (x+3)^2 = 15^2$

整理して，$2x^2 + 6x - 216 = 0$　よって，$x^2 + 3x - 108 = 0$

$(x-9)(x+12) = 0$より，$x = 9, -12$　xは正だから，$x = 9$である。

したがって，求める面積は，$4 \times \dfrac{9 \times (9+3)}{2} = 216$

4̲ 5

解説 円の接線と半径より
$O_1A \perp l$，$O_2B \perp l$であるから，
点O_1から線分O_2Bに垂線O_1Hを
下ろすと，四角形AO_1HBは長方
形で，

$HB = O_1A = 2$だから，

$O_2H = 3$

$\triangle O_1O_2H$で三平方の定理より，

$O_1H = \sqrt{9^2 - 3^2} = 6\sqrt{2}$

よって，$AB = O_1H = 6\sqrt{2}$

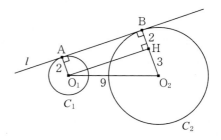

5 3

解説　∠AEB＝∠ABE＝70°より，∠AEC＝180－70＝110°
また，∠ABE＋∠ECD＝180°より，∠ECD＝110°
四角形FECDにおいて，四角形の内角の和は360°だから，
∠CDF＝360°－（90°＋110°＋110°）＝50°

6 1

解説　円すいの頂点をA，球の中心を
O，底面の円の中心をHとする。3点A，O，
Hを含む平面でこの立体を切断すると，
断面は図のような二等辺三角形とその内
接円であり，求めるものは内接円の半径
OHである。

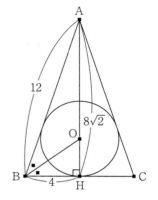

　△ABHで三平方の定理より，
　AH＝$\sqrt{12^2-4^2}$＝$8\sqrt{2}$
　Oは三角形ABCの内心だから，BO
は∠ABHの2等分線である。
　よって，AO：OH＝BA：BH＝3：1
　OH＝$\dfrac{1}{4}$AH＝$2\sqrt{2}$

演習問題

1 О市，P市，Q市の人口密度（1km²あたりの人口）を下表に示して
ある，О市とQ市の面積は等しく，Q市の面積はP市の2倍である。

市	人口密度
О	390
P	270
Q	465

このとき，次の推論ア，イの正誤として，正しいものはどれか。
　ア　P市とQ市を合わせた地域の人口密度は300である
　イ　P市の人口はQ市の人口より多い
　　1　アもイも正しい
　　2　アは正しいが，イは誤り
　　3　アは誤りだが，イは正しい
　　4　アもイも誤り
　　5　アもイもどちらとも決まらない

2 2から10までの数を1つずつ書いた9枚のカードがある。A，B，C
の3人がこの中から任意の3枚ずつを取ったところ，Aの取ったカード
に書かれていた数の合計は15で，その中には，5が入っていた。Bの取っ
たカードに書かれていた数の合計は16で，その中には，8が入っていた。
Cの取ったカードに書かれていた数の中に入っていた数の1つは，次の
うちのどれか。
　　1　2　　　2　3　　　3　4　　　4　6　　　5　7

3 体重の異なる8人が，シーソーを使用して，一番重い人と2番目に
重い人を選び出したい。シーソーでの重さ比べを，少なくとも何回行わ
なければならないか。ただし，シーソーには両側に1人ずつしか乗らない
ものとする。
　　1　6回　　　2　7回　　　3　8回　　　4　9回　　　5　10回

4 A～Fの6人がゲーム大会をして，優勝者が決定された。このゲーム大会の前に6人は，それぞれ次のように予想を述べていた。予想が当たったのは2人のみで，あとの4人ははずれであった。予想が当たった2人の組み合わせとして正しいものはどれか。

A 「優勝者は，私かCのいずれかだろう。」
B 「優勝者は，Aだろう。」
C 「Eの予想は当たるだろう。」
D 「優勝者は，Fだろう。」
E 「優勝者は，私かFのいずれかだろう。」
F 「Aの予想ははずれるだろう。」

　1 A，B　　2 A，C　　3 B，D　　4 C，D　　5 D，E

5 ある会合に参加した人30人について調査したところ，傘を持っている人，かばんを持っている人，筆記用具を持っている人の数はすべて1人以上29人以下であり，次の事実がわかった。

ⅰ）傘を持っていない人で，かばんを持っていない人はいない。
ⅱ）筆記用具を持っていない人で，かばんを持っている人はいない。
このとき，確実に言えるのは次のどれか。

1 かばんを持っていない人で，筆記用具を持っている人はいない。
2 傘を持っている人で，かばんを持っている人はいない。
3 筆記用具を持っている人で，傘を持っている人はいない。
4 傘を持っていない人で，筆記用具を持っていない人はいない。
5 かばんを持っている人で，傘を持っている人はいない。

6 次A，B，C，D，Eの5人が，順に赤，緑，白，黒，青の5つのカードを持っている。また赤，緑，白，黒，青の5つのボールがあり，各人がいずれか1つのボールを持っている。各自のカードの色とボールの色は必ずしも一致していない。持っているカードの色とボールの色の組み合わせについてア，イのことがわかっているとき，Aの持っているボールの色は何色か。ただし，以下でXとY2人の色の組み合わせが同じであるとは，「Xのカード，ボールの色が，それぞれYのボール，カードの色と一致」していることを意味する。

ア　CとEがカードを交換すると，CとDの色の組み合わせだけが同じになる。
イ　BとDがボールを交換すると，BとEの色の組み合わせだけが同じ

になる。

1　青　　2　緑　　3　黒　　4　赤　　5　白

○○○解答・解説○○○

1 3

解説　「O市とQ市の面積は等しく，Q市の面積はP市の2倍」ということから，仮にO市とQ市の面積を1km²，P市の面積を2km²と考える。

ア…P市の人口は270×2＝540人，Q市の人口は465×1＝465人で，2つの市を合わせた地域の面積は3km2なので，人口密度は，（540＋465）÷3＝335人になる。

イ…P市の人口は540人，Q市は465人なので，P市の方が多いので正しいといえる。

よって推論アは誤りだが，推論イは正しい。

よって正解は3である。

2 3

解説　まず，Bが取った残りの2枚のカードに書かれていた数の合計は，16－8＝8である。したがって2枚のカードはどちらも6以下である。ところが「5」はAが取ったカードにあるから除くと，「2」，「3」，「4」，「6」の4枚となるが，この中で2数の和が8になるのは，「2」と「6」しかない。

　次にAが取った残りの2枚のカードに書かれていた数の合計は，15－5＝10である。したがって2枚のカードはどちらも8以下である。この中で，すでにA自身やBが取ったカードを除くと「3」，「4」，「7」の3枚となるが，この中で2数の和が10になるのは，「3」と「7」のみである。

　以上のことから，Cの取った3枚のカードは，AとBが取った残りの「4」「9」「10」である。

3 4

解説　全員の体重が異なるのだから，1人ずつ比較するしかない。したがって一番重い人を見つけるには，8チームによるトーナメント試合数，すなわち8－1＝7（回）でよい。図

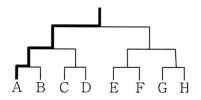

は8人をA〜Hとしてその方法を表したもので，Aが最も重かった場合である。次に2番目に重い人の選び出し方であるが，2番目に重い人の候補になるのは，図でAと比較してAより軽いと判断された3人である。すなわち最初に比較したBと，2回目に比較したC，Dのうちの重い方と，最後にAと比較したE〜Hの中で一番重い人の3人である。そしてこの3人の中で一番重い人を見つける方法は2回でよい。結局，少なくとも7＋2＝9（回）の重さ比べが必要であるといえる。

４ 1

解説 下の表は，縦の欄に優勝したと仮定した人。横の欄に各人の予想が当たったか（○）はずれたか（×）を表したものである。

	A	B	C	D	E	F
A	○	○	×	×	×	×
B	×	×	×	×	×	○
C	○	×	×	×	×	×
D	×	×	×	×	×	○
E	×	×	○	×	×	○
F	×	×	○	○	○	○

「予想が当たったのは，2人のみ」という条件を満たすのは，Aが優勝したと仮定したときのAとBのみである。よって，1が正しい。

５ 3

解説 ⅰ）ⅱ）より集合の包含関係は図のようになっている。

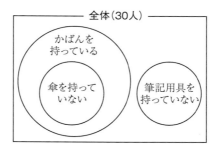

図より，傘を持っていない人の集合と，筆記用具を持っていない人の集

合の共通部分は空集合であり，選択肢1，2，3，5については必ずしも空集合とは限らない。

　したがって，確実に言えるのは「傘を持っていない人で，筆記用具を持っていない人はいない」のみである。

6 5

解説 最初の状態は，

	A	B	C	D	E
カード	赤	緑	白	黒	青

　まずアより，EとCがカードを交換した場合，CとDの色の組み合わせだけが同じになることから，ボールの色が次のように決まる。

	A	B	C	D	E
カード	赤	緑	青	黒	白
ボール			黒	青	

　つまり，Cのボールが黒，Dのボールが青と決まる。
　カード交換前のカードの色で表すと，

	A	B	C	D	E
カード	赤	緑	白	黒	青
ボール			黒	青	

　さらにイより，BとDがボールを交換すると，BとEの色の組み合わせだけが同じになることから，Eのボールの色が緑ときまる。つまり，

	A	B	C	D	E
カード	赤	緑	白	黒	青
ボール			黒	青	緑

　ここで，Bのボールの色が白だとすると，Dとボールを交換したときに，CとDが黒と白で同じ色の組み合わせになってしまう。したがって，Aのボールの色が白，Bのボールの色が赤といえる。
　つまり，次のように決まる。

	A	B	C	D	E
カード	赤	緑	白	黒	青
ボール	白	赤	黒	青	緑

● 情報提供のお願い ●

就職活動研究会では，就職活動に関する情報を募集しています。

エントリーシートやグループディスカッション，面接，筆記試験の内容等について情報をお寄せください。ご応募はメールアドレス（edit@kyodo-s.jp）へお願いいたします。お送りくださいました方々には薄謝をさしあげます。

ご協力よろしくお願いいたします。

会社別就活ハンドブックシリーズ

セガサミーHDの
就活ハンドブック

編　者　就職活動研究会

発　行　令和6年2月25日

発行者　小貫輝雄

発行所　協同出版株式会社

〒101−0054
東京都千代田区神田錦町2−5
電話　03−3295−1341
振替　東京00190−4−94061

印刷所　協同出版・POD工場

落丁・乱丁はお取り替えいたします

●2025年度版●
会社別就活ハンドブックシリーズ
【全111点】

運　輸

東日本旅客鉄道の就活ハンドブック	小田急電鉄の就活ハンドブック
東海旅客鉄道の就活ハンドブック	阪急阪神 HD の就活ハンドブック
西日本旅客鉄道の就活ハンドブック	商船三井の就活ハンドブック
東京地下鉄の就活ハンドブック	日本郵船の就活ハンドブック

機　械

三菱重工業の就活ハンドブック	浜松ホトニクスの就活ハンドブック
川崎重工業の就活ハンドブック	村田製作所の就活ハンドブック
IHI の就活ハンドブック	クボタの就活ハンドブック
島津製作所の就活ハンドブック	

金　融

三菱 UFJ 銀行の就活ハンドブック	野村證券の就活ハンドブック
三菱 UFJ 信託銀行の就活ハンドブック	りそなグループの就活ハンドブック
みずほ FG の就活ハンドブック	ふくおか FG の就活ハンドブック
三井住友銀行の就活ハンドブック	日本政策投資銀行の就活ハンドブック
三井住友信託銀行の就活ハンドブック	

建設・不動産

三菱地所の就活ハンドブック	鹿島建設の就活ハンドブック
三井不動産の就活ハンドブック	大成建設の就活ハンドブック
積水ハウスの就活ハンドブック	清水建設の就活ハンドブック
大和ハウス工業の就活ハンドブック	

資源・素材

旭旭化成グループの就活ハンドブック	関西電力の就活ハンドブック
東レの就活ハンドブック	日本製鉄の就活ハンドブック
ワコールの就活ハンドブック	中部電力の就活ハンドブック

九州電力の就活ハンドブック

自動車

トヨタ自動車の就活ハンドブック

本田技研工業の就活ハンドブック

デンソーの就活ハンドブック

日産自動車の就活ハンドブック

商　社

三菱商事の就活ハンドブック

住友商事の就活ハンドブック

丸紅の就活ハンドブック

三井物産の就活ハンドブック

伊藤忠商事の就活ハンドブック

双日の就活ハンドブック

豊田通商の就活ハンドブック

情報通信・IT

NTT データの就活ハンドブック

NTT ドコモの就活ハンドブック

野村総合研究所の就活ハンドブック

日本電信電話の就活ハンドブック

KDDI の就活ハンドブック

ソフトバンクの就活ハンドブック

楽天の就活ハンドブック

mixi の就活ハンドブック

グリーの就活ハンドブック

サイバーエージェントの就活ハンドブック

LINE ヤフーの就活ハンドブック

SCSK の就活ハンドブック

富士ソフトの就活ハンドブック

日本オラクルの就活ハンドブック

GMO インターネットグループ

オービックの就活ハンドブック

DTS の就活ハンドブック

TIS の就活ハンドブック

食品・飲料

サントリー HD の就活ハンドブック

味の素の就活ハンドブック

キリン HD の就活ハンドブック

アサヒグループ HD の就活ハンドブック

日本たばこ産業 の就活ハンドブック

日清食品グループの就活ハンドブック

山崎製パンの就活ハンドブック

キユーピーの就活ハンドブック

生活用品

資生堂の就活ハンドブック

花王の就活ハンドブック

武田薬品工業の就活ハンドブック

電気機器

三菱電機の就活ハンドブック	パナソニックの就活ハンドブック
ダイキン工業の就活ハンドブック	富士通の就活ハンドブック
ソニーの就活ハンドブック	キヤノンの就活ハンドブック
日立製作所の就活ハンドブック	京セラの就活ハンドブック
ＮＥＣの就活ハンドブック	オムロンの就活ハンドブック
富士フイルム HD の就活ハンドブック	キーエンスの就活ハンドブック

保　険

東京海上日動火災保険の就活ハンドブック	三井住友海上火災保険の就活ハンドブック
第一生命ホールディングスの就活ハンドブック	損保ジャパンの就活ハンドブック

メディア

日本印刷の就活ハンドブック	エイベックスの就活ハンドブック
博報堂 DY の就活ハンドブック	東宝の就活ハンドブック
TOPPAN ホールディングスの就活ハンドブック	

流通・小売

ニトリ HD の就活ハンドブック	ZOZO の就活ハンドブック
イオンの就活ハンドブック	

エンタメ・レジャー

オリエンタルランドの就活ハンドブック	任天堂の就活ハンドブック
アシックスの就活ハンドブック	カプコンの就活ハンドブック
バンダイナムコ HD の就活ハンドブック	セガサミー HD の就活ハンドブック
コナミグループの就活ハンドブック	タカラトミーの就活ハンドブック
スクウェア・エニックス HD の就活ハンドブック	

▼会社別就活ハンドブックシリーズにつきましては，協同出版のホームページからもご注文ができます。詳細は下記のサイトでご確認下さい。

https://kyodo-s.jp/examination_company